Gonzague
SAINT BRIS

Guy
SAVOY

# LE GOÛT DE
# STENDHAL

Gonzague
SAINT BRIS

Guy
SAVOY

# LE GOÛT DE STENDHAL

Avec le concours de Jean-Claude Ribaut

Photographies culinaires de Philippe Asset

Éditions SW Télémaque

Éditions SW Télémaque 7, rue Pérignon, 75015 Paris
www.editionstelemaque.com

ISBN 9782753302082

« *"Les épinards et Saint-Simon,* dit Stendhal, *ont été mes goûts les plus constants."*
Stendhal est mort en 1842. Il n'a pas eu le temps de lire *Les Trois Mousquetaires*, paru en 1844. Au chapitre XXVI "La thèse d'Aramis", d'Artagnan va retrouver Aramis qui, se croyant abandonné par la duchesse de Chevreuse, s'est confit en dévotion et retiré en province pour se consacrer à une thèse de théologie.
*"Je vous invite,* dit-il à son ami, *si vous vous contentez de tétragones cuites et de fruits.*
- *Qu'entendez-vous par tétragones?* demande d'Artagnan avec inquiétude.
- *J'entends des épinards; mais pour vous j'ajouterai des œufs, et c'est une grave infraction à la règle, car les œufs sont viande, puisqu'ils engendrent le poulet."*
Puis d'Artagnan fait la surprise à Aramis de lui remettre une lettre dont il est porteur. Elle est de la duchesse. Aramis apprenant qu'il est toujours aimé, change soudain de visage, exulte ; et quand Bazin se présente avec les épinards et l'omelette, il renvoie son valet en lui ordonnant d'emporter *"ces horribles légumes"* et d'apporter à leur place *"un lièvre piqué, un chapon gras, un gigot à l'ail et quatre bouteilles de vieux bourgogne."*
Cette conversion de l'hypocrite à la joie de vivre est un des chapitres les plus drôles du livre. Stendhal aurait d'abord tiqué devant cet outrage fait à son plat préféré. Puis il aurait pardonné, en considération du penchant bien connu de Dumas pour la haute gastronomie. Mettre *"épinards"* dans un roman, c'était déjà un hommage rendu à ce légume peu honoré dans la littérature. »

DOMINIQUE FERNANDEZ, de l'Académie française,
*Dictionnaire amoureux de Stendhal* (Plon Grasset)

# SOMMAIRE



*Les textes des pages 17, 26, 34, 36, 43,45, 53, 64, 67, 68, 70, 80 et 90 sont de Jean-Claude Ribaut.*

# RECETTES

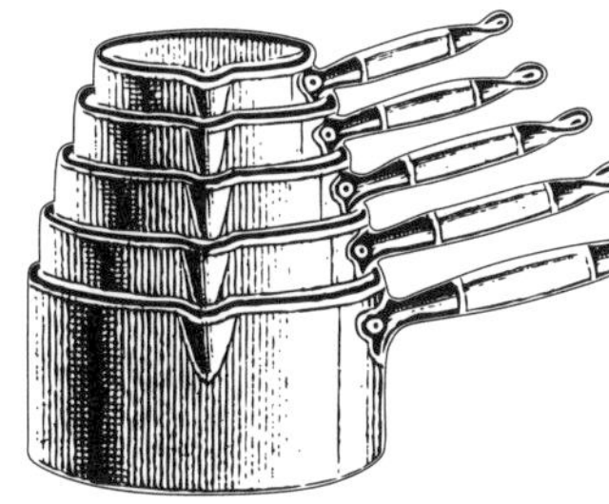

# LE GOÛT DE STENDHAL

*« Dîner, c'est exister aux yeux du monde »*

Honoré de Balzac*

Stendhal a le génie de nous faire savourer tous les goûts qui rythment sa « chasse » au bonheur : le goût de l'amour, le goût des femmes, le goût des lectures élues, le goût de la grande musique, le goût de l'Italie, le goût des mets choisis.
Comme l'écrit si bien Paul Desalmand, dans son remarquable *Cher Stendhal, un pari sur la gloire* : « Toute sa vie, Stendhal va pratiquer ce qu'il appelle indifféremment la *"chasse au bonheur"* ou *"la chasse du bonheur"*. Il lui arrive d'être écrasé par un ennui véritablement "mortel" en ce sens qu'il pense sérieusement au suicide, dessine des pistolets dans les marges de ses manuscrits, rédige de nombreux testaments. Mais il se reprend, travaille, explore et connaît d'immenses bonheurs grâce à l'amour, aux arts plastiques, à la musique. On a même créé une expression – "le syndrome de Stendhal" – pour désigner ce bouleversement devant la beauté qui va jusqu'à l'évanouissement. » Cette chasse au bonheur est d'abord pour moi une chasse aux citations de Stendhal. Alors, dans les pas de Paul Desalmand, sur le chemin de Stendhal, je suis devenu comme lui « citatologue ».
Stendhal commence par expliquer qu'il existe quatre formes d'amour, « l'amour-passion, l'amour-goût, l'amour-physique, l'amour de vanité » et ajoute, toujours subtil : « J'ai besoin qu'on se rappelle qu'en amour tout est signe. »
Il donne cette définition du coup de foudre : « Un instant vous révèle ce dont votre cœur avait besoin depuis longtemps sans se l'être avoué à lui-même. »
Il dévoile le secret du bonheur par la contemplation : « La vue de tout ce qui est extrêmement beau, dans la nature et dans les arts, rappelle le souvenir de ce qu'on aime, avec la rapidité de l'éclair... C'est ainsi que l'amour du beau et l'amour se donnent mutuellement la vie. »
Mais cette contemplation n'est-elle pas véritablement heureuse qu'à deux ? Enfin, il énonce la règle. « Il n'y a qu'une loi en sentiment. C'est de faire le bonheur de ce qu'on aime. » Unissant l'amour à la musique, il ajoute à la symphonie du bonheur cette note personnelle : « L'habitude de la musique et de sa rêverie prédispose à l'amour. » Son *credo* ? « L'Italie est la patrie de la musique » et encore : « La musique de Rossini ne secrète jamais l'ennui. » Que la musique enchante Stendhal, quelle heureuse évidence ! « Je viens d'éprouver ce soir que la musique, quand elle est parfaite, met le cœur exactement dans la même situation où il est quand il jouit de la présence de ce qu'il aime et qu'il voit que ce qu'il aime l'adore. C'est-à-dire qu'elle donne le bonheur apparemment le plus vif qui existe sur cette terre. »
Son goût pour la nourriture et la boisson se veut sobre et il en propose le menu suivant : « En tout lieu, le privilégié, après avoir dit : *"Je prie pour ma nourriture"*, trouvera : deux livres de pain, un bifteck

* Balzac, le premier grand esprit qui dit : « Stendahl est un génie » alors que ce dernier mourra inconnu.

cuit à point, un gigot idem, une bouteille de saint-julien, une carafe d'eau, un fruit, une glace, et une demi-tasse de café. Cette prière sera exaucée deux fois dans les vingt-quatre heures. » Il n'a pas peur de donner des conseils : « Tu es sur le bord du bonheur, ne te désespère pas, et étudie » ou encore mieux : « Il n'y a de bonheur constant que dans le travail. » Et il observe si justement : « Je sens vivement que le bonheur tient aux nerfs. J'ai un sentiment de bien-être par tout le corps, surtout au diaphragme, après six heures de travail. Il y a un bon moment dans chaque journée. Lorsqu'il est passé, donner le reste à la société. »

Stendhal se dévoile autant par ses goûts que par ses dégoûts : « Plus j'avance, plus je me dégoûte de l'ambition. C'est de mettre son bonheur entre les mains des autres et quand on a une âme, il est si simple de chercher à lui donner des passions agréables et le reste du temps de l'appliquer à sentir les arts. »

Il ne touche à la politique qu'avec la plus extrême prudence, mais quand il se dévoile, c'est toujours au nom de la vérité : « Le talent des rois est de connaître les talents. » Le plus touchant dans le caractère d'Henri Beyle, c'est peut-être cette extrême proximité entre sa tendresse pour le monde et sa lucidité sur la vie. Sans doute son idée des *« happy few »* provient-elle de là : « J'écris pour des amis inconnus, une poignée d'élus qui me ressemblent, les *happy few*. »

Stendhal sait qu'en matière de bonheur, il ne faut pas trop demander : « L'homme qui se vouerait à la poursuite de la félicité parfaite serait le plus infortuné de tous les êtres. On doit chercher à se rendre indépendant des circonstances. » Lorsqu'il brandit l'avertissement « Songe que dans le monde, tu ne trouveras pas vingt âmes qui comprennent la tienne ; que moi qui ai fait vingt fois plus d'expériences que tu n'en pourrais jamais faire, je n'en ai pas trouvé quatre », on ne peut s'empêcher de penser à son enterrement, auquel, à en croire Mérimée, trois personnes seulement ont assisté !

Mais, après avoir disserté avec art sur les meilleurs moments de la vie, dressé la liste de ses restaurants favoris - le Café Lamblin, les Frères provençaux et le Rocher de Cancale - Stendhal aurait pu, au XXI^e^ siècle, ajouter une adresse de prestige à son cahier de préférences : celle du nouveau restaurant de Guy Savoy à l'hôtel de la Monnaie dont les hautes fenêtres donnent sur la Seine. Stendhal et Guy Savoy sont issus du même pays et, par-delà le temps, leurs affinités électives apparaissent dans ce culte du goût qu'ils partagent fraternellement. Tous deux ont leurs *happy fews*. Quel bonheur pour moi de voir mon ami Guy Savoy, l'homme du terroir au rayonnement mondial, consacrer du temps devant ses fourneaux à exercer la multiplicité de ses talents de grand chef ! Quelle volupté gourmande d'être là quand il a interprété, restitué, réinventé et réenchanté les recettes de Stendhal tandis que le troisième mousquetaire, Jean-Claude Ribaud, le légendaire chroniqueur gastronomique du journal *Le Monde* et notre *go between*, notait en direct, comme un reporter au bord de la merveille, son commentaire des recettes du fameux chef, dont le nom commence par un « S » comme celui de Stendhal ! Ce fut à table la complicité de trois gourmets, une fête consommée de la culture où les esprits sont mariés aux saveurs et donc à plus d'un titre une fête du palais...

Stendhal a livré le mot de la fin, le plus riche des testaments, la meilleure des recettes et la plus belle des vérités : « Plus on a l'esprit cultivé, plus on est susceptible de bonheur. »

# Grenoble ou la montagne, symbole d'une mère disparue

*« Tout ce qui me rappelle Grenoble me fait horreur. »*

Stendhal

Une ville ? Pas seulement. Plutôt un paysage éminemment romantique, une cité juchée sur un amphithéâtre ceinturé de cimes enneigées – « une montagne au bout de chaque rue », dit un jour Stendhal. S'il trouve le paysage de Paris désespérément sans relief ou presque, Grenoble, au beau milieu des Alpes françaises, au confluent de l'Isère et du Drac, lui apparaît comme un site aussi admirable sous le soleil que dans la brume.

Grenoble, ancienne capitale d'un Dauphiné jadis cher au futur Louis XI qui a fait ses classes politiques, et depuis la Révolution chef-lieu du département de l'Isère, se trouve à moins de cent kilomètres de la Suisse et de l'Italie. Une promesse de voyage à deux pas de chez lui, lui qui aimera tant l'Italie, même s'il devra attendre de devenir homme – et même soldat – pour fouler son sol !

Malgré son amour pour la péninsule et Milan en particulier, si l'on en juge les nombreuses maîtresses qui ont accompagné ses séjours, Stendhal ne lui restera pas plus fidèle. N'est-ce pas Paris qu'il élira pour éternel domicile ?

Car Grenoble reste le berceau des Beyle et de Stendhal ; mais sa relation à la ville est complexe, tout à la fois amour et haine. Amour de ses paysages ou haine contre ses habitants, la frontière est souvent ténue. Mais Grenoble, sans rancune, n'oublie pas l'un de ses plus illustres fils : la faculté des Lettres porte son nom. Les stendhaliens suivent volontiers l'itinéraire qui va de la maison natale du grand-père Gagnon, avec sa fameuse treille dite « de Stendhal », au musée Stendhal rue Hector Berlioz – autre enfant des Alpes et autre étoile du romantisme – qui donne à voir les portraits de la famille et les grands moments de son histoire, ou à la bibliothèque où sont précieusement conservés ses manuscrits.

Henri Beyle naît à Grenoble, rue des Vieux-Jésuites, à l'actuel numéro 12 de la rue Jean-Jacques Rousseau, le 23 janvier 1783. L'Ancien Régime est à son crépuscule, même si nul ne le sait encore et Louis XVI et Marie-Antoinette règnent sur la France du temps de la Douceur de Vivre[1]. Il est donc l'aîné de Balzac, de Hugo, de Lamartine et d'une bonne partie de la génération romantique.

Fils d'un avocat au Parlement, et par ailleurs avocat consistorial, juriste sérieux et homme d'affaires avisé, il appartient à la bourgeoisie aisée, celle-là même qui, le 7 juin 1788, sonne la Révolution et inspire au peuple de prendre le parti du Parlement dans sa lutte contre la réforme Lamoignon. Les troupes du Royal Marine cherchent-elles à investir la ville ? Les Grenoblois, juchés sur les toits, déversent sur elles une pluie de tuiles qui les fait reculer. Du haut de ses cinq ans, depuis la terrasse de son aïeul, le petit Beyle assiste à cette scène inédite, qui signe le prologue de la Révolution française, et que le peintre Alexandre Debelle a immortalisée. Il ne l'oubliera

1. Expression inventée après coup par Talleyrand, comme on créera, plus tard, après la Grande Guerre, et pour la même raison, celle de Belle Époque.

jamais, même s'il meurt en ignorant que le lieu principal de l'affrontement, le collège des Jésuites, deviendra le lycée Stendhal.
Depuis sa petite enfance, il se sent réfractaire, pour ne pas dire contestataire, comme il l'écrit si bien dans sa *Vie de Henry Brulard* : « Tout mon malheur peut se résumer en deux mots : jamais on ne m'a permis de parler à un enfant de mon âge. Et mes parents m'honoraient d'une attention continue. Pour ces deux causes, à cette époque de la vie si gaie pour les autres enfants, j'étais méchant, sombre et déraisonnable. » En fait, le seul être chéri est sa mère, Henriette, dont la sensibilité s'inscrit en total contrepoint à l'austérité empesée et ennuyeuse de son époux : « À six ans, j'étais amoureux de ma mère... Je voulais couvrir ma mère de baisers et qu'il n'y eût pas de vêtements. Elle m'aimait à la passion et m'embrassait souvent. Je lui rendais ses baisers avec un tel feu qu'elle était souvent obligée de s'en aller. J'abhorrais mon père quand il venait interrompre nos baisers. »
Hélas, elle meurt prématurément. « Là commence ma vie morale », écrit plus tard Stendhal, au souvenir de ce terrible deuil l'année de ses sept ans. Molière subit le même traumatisme affectif, change d'ailleurs aussi de nom et voue à son père une haine éternelle. Toute sa vie, Stendhal recherche sa mère à travers ses conquêtes, en vain. Et comme la ville natale est souvent associée à la mère, *a fortiori* dans une cité où la montagne règne tel l'élément féminin par excellence, Grenoble devient le symbole de la génitrice disparue, et celui du terrible deuil obligeant l'enfant à grandir plus vite et surtout à mûrir plus vite, désormais seul avec ses deux sœurs cadettes, Zénaïde – future épouse de l'ingénieur Alexandre Mallein – et Pauline – future femme du manufacturier François-Daniel Périer.
Ce deuil lui cause un tel choc qu'il ne parvient pas à pleurer. Sa famille le croit insensible et l'un de ses oncles recueille l'enfant prostré pour un séjour savoyard dans son domaine des Échelles. On lui explique que sa mère est morte par la volonté de Dieu, ce qui le rend précocement athée, au grand dam de l'abbé Raillane, son impitoyable et taciturne précepteur. « Je haïssais l'abbé, je haïssais mon père, source des pouvoirs de l'abbé, je haïssais encore plus la religion au nom de laquelle ils me tyrannisaient. »
Intarissable sur celui qu'il baptise « Le noir coquin », il écrit encore : « Il est difficile d'avoir une âme plus sèche, plus ennemie de tout ce qui est honnête, plus parfaitement dégagée de tout sentiment d'humanité. »
Seul rayon de soleil, son grand-père maternel, le docteur Gagnon – praticien respecté de Grenoble, mais surtout aimable homme des Lumières et spirituel un tantinet libertin – l'extirpe de son chagrin, et l'héberge bientôt chez lui, place Grenette. Il lui ouvre les portes de son cabinet de curiosité, sa vaste et riche bibliothèque où Stendhal découvre et dévore Molière, Cervantes, Fénelon, Voltaire : « Mon seul plaisir était en Shakespeare et les *Mémoires* de Saint-Simon, passion qui a duré comme celle des épinards au physique, qui est aussi forte pour le moins à cinquante-trois qu'à treize ans. »
Le côté Beyle, c'est le pouvoir, l'avarice, l'insensibilité, l'ombre, le froid, la tristesse, le pédantisme, la vanité... Le côté Gagnon, c'est la culture, la gaieté, la lumière, le plaisir, la beauté, la tendresse, la générosité, la fierté, la folie des chimères... Tout est déjà dit ! Au fond, est-on si loin de Chateaubriand, à l'exception près que dans *les Mémoires d'outre-tombe*, Chateaubriand se contente d'ironiser sur son père mais ne le déteste pas. Mais sans pères castrateurs, compterait-on autant d'écrivains de génie ? Et sans mères disparues, d'aussi fougueux amants ?
Depuis ce jour, le futur écrivain prend systématiquement le contre-pied de cette famille de bourgeois respectables, catholiques, monarchistes et conservateurs. C'est décidé, il sera libertin, athée, républicain et même révolutionnaire, acceptant plus tard de fréquenter la noblesse, mais jamais la bourgeoisie, dont il considère – à l'instar de Balzac, Flaubert, Baudelaire, et tant d'autres – qu'elle est la quintessence de la sottise universelle, surtout lorsqu'elle singe la noblesse. Les Beyle sont-ils horrifiés, en 1793, par l'exécution de Louis XVI ? Henri applaudit des deux mains ! Un an plus tard, Chérubin Beyle est incarcéré toute une année sur ordre du représentant en mission. Son fils s'afflige-t-il sur son sort ? Pas une seconde. Il va plutôt jusqu'à

envisager – à douze ans ! – de s'engager dans le bataillon des volontaires de l'an II, pour aller s'illustrer à la guerre.

Son père en prison, l'abbé Raillane en fuite – puisqu'il n'a pas prêté serment – et sa revêche tante Séraphie Beyle disparue, l'adolescent est enfin libre, libre d'intégrer à treize ans l'École centrale de Grenoble – le futur lycée, après la réforme napoléonienne – et d'y faire ses humanités. Plutôt bon élève, doué de grandes capacités même s'il ne se tue pas à la tâche, il se passionne pour les sciences jusqu'à recevoir un prix de mathématiques. Mais surtout, il devient grand lecteur, estimant que c'est là la meilleure des formations, comme il l'écrit plus tard à sa sœur, en guise de programme éducatif : « Il faut te familiariser avec les chefs-d'œuvre de nos grands écrivains, ils te formeront l'esprit et le cœur... Lis souvent *(car)* c'est en lisant les ouvrages pensés qu'on apprend à penser et à sentir à son tour. Je te conseille donc de chercher une consolation dans la plus belle science qui existe, celle de l'homme. »

Parmi les camarades de son âge, il fait le bravache et se singularise en tirant au pistolet sur l'Arbre de la liberté de Grenoble. C'est aussi l'âge des premiers émois amoureux, sous les traits de la comédienne Virginie Kubly, membre d'une troupe qui fait étape dans la ville. À quinze ans, il n'ose pas l'aborder et se contente de l'étreindre vivement, la nuit, dans ses rêves de jeune mâle affamé. Malgré tout, il ressent plus ou moins confusément que ses ambitions sont à l'étroit dans sa ville natale car son plus cher désir est désormais d'aller courir le vaste monde, de vivre ses fantasmes et de se distinguer, d'une façon ou d'une autre.

« Les mathématiques me sortiront de Grenoble. » À dix-sept ans, en effet, il quitte sa petite patrie pour préparer Polytechnique à Paris. Il n'y reviendra plus que pour de brefs séjours, lui gardant cependant une place dans son cœur, en souvenir seulement de sa mère et de son grand-père. Si, tel Rastignac, il ne s'écrie pas « À nous deux maintenant ! », nul doute qu'il le pense en s'engouffrant dans la malle-poste qui l'emporte, avec ses ambitions, vers cette Grande Babylone, qui réussit aux esprits supérieurs.

Il n'aura de cesse de railler son berceau, multipliant les mots les plus cruels : « Tout ce qui est bas et plat dans le genre bourgeois me rappelle Grenoble, tout ce qui me rappelle Grenoble me fait horreur ; non horreur est trop noble, mal au cœur. » Ou encore : « Grenoble est pour moi comme le souvenir d'une abominable indigestion ; il n'y a pas de danger, mais un effroyable dégoût. Tout ce qui est bas et plat sans compensation, tout ce qui est ennemi du moindre mouvement généreux, tout ce qui se réjouit du malheur de qui aime la patrie ou est généreux, voilà Grenoble pour moi. » Son « Je hais Grenoble » résonne déjà comme la célèbre apostrophe de Gide « Familles, je vous hais » ou comme, plus tard, un brin plus mesurées, les pages de Mauriac sur le sujet. Il en va ainsi de tous les créateurs ou de tous les artistes en herbe, que le conformisme social étouffe dès l'enfance, et qui tel le papillon sortant de sa chrysalide, cherchent tout au long de leur vie une complexe libération de leur être.

# Dauphiné, terre de saveurs

Né à Grenoble, Henri Beyle – le futur Stendhal – n'a eu de cesse de quitter cette ville où se sont formés ses goûts de l'enfance auprès d'une mère aimante, trop tôt disparue.

De la table il dira peu de choses, sinon son penchant pour les pâtes alimentaires, qu'il assouvira plus tard en Italie, puis à Paris auprès d'une célèbre cantatrice italienne. « Grenoble est pour moi comme le souvenir d'une abominable indigestion » (*Vie de Henry Brulard*). La métaphore ne s'applique pas à la cuisine dauphinoise, mais à une bourgeoisie étriquée, une société ennemie « du moindre mouvement généreux », et, sans doute à son père avec qui ses relations ont été orageuses. C'est en novembre 1799, au seuil de sa dix-septième année, qu'il quitte sa ville natale. Il y reviendra assez souvent au cours de voyages incessants, et y passera parfois plusieurs mois. Au total, si l'on additionne ses différents séjours, Stendhal aura passé une vingtaine d'années en Dauphiné, soit le tiers de son existence. Mais tout au long de sa vie – sa correspondance en témoigne – il gardera le souvenir de ses chères montagnes, du pays de Claix et des paysages du Grésivaudan. Annonçant une prochaine visite, il écrit à sa sœur « Nous mangerons du raisin ensemble » et, dans une autre lettre : « Dis-moi comment vont les lapins *(Voir recette p. 138),* s'il y a un chien à la maison, si les abeilles prospèrent. »

Aux environs de Grenoble, les souvenirs du jeune Henri Beyle se déroulent à une distance telle que pouvait la parcourir le voyageur à cheval à cette époque et qui conjoint l'irruption du Rhône par le pays de Gex, la percée de l'Isère, les derniers contreforts du Jura, la poussée alpine vers Lyon bloquée sur son bastion hercynien, l'apport mesuré de la Saône et de la Dombes, jusqu'en pays de Bugey. Terres plurielles, pliées et dépliées à la fois, lieux de passage cependant vers le royaume de Savoie, vers Genève, capitale sévère. Terres de contacts favorisés par les fleuves et les montagnes et terres de tradition pour beaucoup d'hommes et de générations. On appelle l'une de ces régions les Terres Froides, autour de Bourgoin-Jallieu, où le chef Guy Savoy passa son enfance. Mais surtout, Grenoble partage avec les régions voisines, les spécialités culinaires du Bugey, de Vienne, et de Valence. Valence est vue comme une capitale gastronomique au XIXe siècle grâce à l'intense circulation de voyageurs sur le Rhône. Les vapeurs Lyon-Marseille font escale, leurs voyageurs sont des gourmets affamés, tels George Sand et Alfred de Musset qui partagent leur pitance sur le bateau avec Henri Beyle, regagnant son poste à Civitavecchia. Elle le raconte, s'en divertit : « Je causais avec lui, le trouvais fort aimable. »

Stendhal est-il un gourmet ? Rien dans ses écrits ne l'atteste, rien ne le conteste. On avance parfois un texte en vingt-trois articles paru sous le titre *Privilèges*, écrit en 1840, deux ans avant sa mort. C'est un texte de dix pages rédigé sous la forme d'une adresse à une divinité protectrice *(God)* : « Article 16. En tout lieu, le privilégié, après avoir dit *"Je prie pour ma nourriture"*, trouvera : deux livres de pain, un bifteck cuit à point, un gigot idem, une bouteille de saint-julien, une carafe d'eau, un fruit, une glace et une demi-tasse de café. Cette prière sera exaucée deux fois dans les vingt-quatre heures. » Il s'agit là, selon certains censeurs, d'un aveu de frugalité étranger à toute gastronomie, mis à part – excusez du peu – la bouteille de saint-julien, vin élégant et sensuel. Certes, cette « prière » d'un athée impénitent pour un minimum vital alimentaire, ne laisse guère de place à la gourmandise, mais elle est sans doute dictée par la concision de la forme, à rapprocher des aphorismes de Brillat-Savarin qui viennent d'être réédités aux Éditions Charpentier, en 1838, avec une préface d'Honoré de Balzac. De plus, en 1840, Stendhal, atteint de la maladie de Cupidon, est un homme fatigué dont l'alimentation est désordonnée[1], plus soucieux des fins dernières que des bombances de sa jeunesse. L'attirance de Stendhal pour les arts ne laisse guère de place dans son œuvre aux émotions gourmandes. Il en eut été différemment si le « syndrome de Stendhal » – une accélération du rythme cardiaque confinant au malaise qu'il ressentit en 1817 en sortant de Santa Croce à Florence – avait été provoqué par un plat d'épinards *(Voir recette p. 102)*. Mais il a su aussi célébrer avec conviction dans *Mémoires d'un Touriste* son goût pour la cuisine lyonnaise : « Je ne connais qu'une chose que l'on fasse très bien à Lyon, on y mange admirablement, et, selon moi, mieux qu'à Paris. Les légumes surtout y sont divinement apprêtés. À Londres, j'ai appris que l'on cultive vingt-deux espèces de pommes de terre ; à Lyon, j'ai vu vingt-deux manières différentes de les apprêter, et douze au moins de ces manières sont inconnues à Paris. »

À l'appui de son propos, Stendhal évoque sa rencontre avec quelques gastronomes lyonnais qui ont pour habitude de se recevoir à tour de rôle avec pour seule ambition d'offrir à leurs hôtes un somptueux repas digne des plus grandes maisons. « Un tel dîner, où tout doit être parfait, n'est pas une petite affaire pour celui qui le donne, il faut être en course dès l'avant-veille », écrit Stendhal.

L'on s'est aussi moqué de son goût pour « les épinards et Saint-Simon », insinuant qu'il ne pouvait s'agir que d'un trait d'esprit, ou bien, comme le suggère Dominique Fernandez, d'un penchant commun des deux écrivains pour « la simplicité, la concision, la vélocité de l'écriture... ». Aussi convient-il de replacer ce mot dans son contexte : « Les épinards et Saint-Simon ont été mes seuls goûts durables, après celui toutefois de vivre à Paris avec cent louis de rente, faisant des livres. » La nuance est importante. D'ailleurs dans son *Journal*, en date du 12 août 1804, Stendhal récidive : « C'est un bonheur d'un genre plus doux, mais aussi fort que celui du dimanche à Claix, où après avoir fait les premiers bons vers que j'ai trouvé de ma vie, je dînai seul et sans gène, avec d'excellents

1. À ce sujet, lire *Stendhal Intime*, du Docteur Robert Soupault, paru en 1975 aux Éditions des Sept couleurs.

épinards au jus et de bon pain. Ces extases, d'après la nature de l'homme, ne peuvent pas durer. » Un autre légume du potager fait l'objet d'une note sibylline, que certains commentateurs attribuent au babilanisme – impuissance passagère –, autre syndrome stendhalien : « Pour moi, remède souverain contre l'amour : manger des pois. Éprouvé aujourd'hui 25 mars, après une promenade à cheval et un goût vif éprouvé pour la petite voisine du palais Bewern. » (*Écrits Intimes*, 25 mars 1808).
Quoi qu'il en soit, Stendhal n'a pu ignorer et a très certainement apprécié, le gratin dauphinois, une recette établie au XVIIIe siècle, car les pommes de terre, venues de Suisse, étaient connues dans le Dauphiné, bien avant que Parmentier n'en assure la promotion à la veille de la Révolution. Une recette à la portée de tous. Il suffit d'un plat allant au four, frotté à l'ail, bien beurré, dans lequel les pommes de terre finement émincées, non lavées, disposées en lit, sont couvertes de lait et de crème fraîche ou de crème fleurette et de quelques noisettes de beurre (*Voir recette p. 112*). Une bonne heure de cuisson à four moyen, « surtout ni œufs, ni fromage », précise la fille du fondateur du musée dauphinois de Grenoble.
La raviole est un autre produit emblématique de la région. Les ravioles du Royans tirent leur nom du Pays du Royans, une vallée située au pied du massif du Vercors (*Voir recette p. 122*). Sont-ce les charbonniers – bûcherons piémontais – qui, remplaçant la viande des raviolis par une feuille de rave (*rabbiolo*, en italien), ont donné ce nom aux petits carrés de pâte délicatement cuits dans un bouillon de volaille ? C'est peu probable, car l'on trouve trace en 1568, à l'abbaye bénédictine de Talloires, de ravioles à la sauce verte. Et la tradition est établie, déjà au XIXe siècle, de louer des ravioleuses à la journée pour confectionner une farce goûteuse constituée de comté, de fromage blanc, de persil et d'œuf, enclos dans une pâte de farine de blé tendre, d'œufs et de matières grasses. Quelques spécialistes penchent pour une origine antique de la raviole, cuite alors dans une friture et appelée « rissole » en français médiéval. François Rabelais qui fut étudiant à l'université de Valence, fondée en 1452 par le futur Louis XI, dégustait ravioles ou rissoles, dont la composition pouvait varier selon la saison : « Morceau de pâte contenant du hachis de viande et du hachis de raves en Carême. »
Grenoble connaît à cette époque une riche cuisine ménagère, les tourtons et les tourtes, le potage à la citrouille (*Voir recette p. 100*), la soupe aux diots, le filet de caïon (porc) à la dauphinoise, le sauté de lapin, le civet de chamois et le fameux civet de marmotte. Stendhal est chasseur : « J'ai tué hier une perdrix. C'est la première de ma vie, mais ça ne m'a pas fait la millième partie du plaisir que me donna une grive que je tuai dans le sentier sous Doyatières sur un grand frêne en montant... », écrit-il nostalgique de son enfance à Claix. La bourgeoisie grenobloise apprécie alors les grives en terrine ou bien au sautoir, parfumées aux baies de genièvre. Les poissons des torrents et des lacs assurent également le grand ordinaire : ombles chevaliers, perches, brochets, lavarets. Les écrevisses accompagnent le poulet, ou bien sont servies en gratin (*Voir recette p. 114*). La cuisine du Dauphiné ne se limite donc pas au gratin de pommes de terre (*Voir recette p. 115*). Les archives locales ont aussi conservé le souvenir – mais pas la recette – d'un potage d'artichauts et truffes servi à Grenoble en 1624 à l'occasion du ban des vendanges. Guy Savoy, enfant du pays né à Bourgoin, l'a réinventé : c'est son extraordinaire soupe d'artichaut à la truffe noire et brioche feuilletée aux champignons. Cette même truffe – elle l'a avoué dans une de ses lettres – qui rendait « si tendre » madame de Sévigné.
Dans l'ordre de la légende se trouve la marmite de Lesdiguières, préparée à l'occasion des fiançailles

de François duc de Lesdiguières, connétable de France et dame Marie Vignon, une recette fameuse du XVIe siècle que Stendhal ne pouvait ignorer. Carrément l'on prépare une « oule » (marmite dépourvue d'anses) pour cinquante personnes. L'on bourre la marmite de couches successives de lard, pieds de porc, couenne, tête de veau, bœuf dans la culotte, l'on cale avec tomates, oignons, ail, feuilles de laurier, persil. Puis noix muscade, sel et poivre. La cuisson s'engage pendant quatre heures. On verse sur le tout quelques bouteilles de vin, rouge et blanc. Après cette première cuisson on retire la marmite du feu. L'on y ajoute de belles volailles déjà cuites à part, des champignons, la purée de tomates, une glace de viande, un litre de cognac ! Le tout jusqu'à la cuisson définitive. La marmite de Lesdiguières fut servie à Grenoble lors de Jeux olympiques d'hiver. Grenoble est fière de ses noix, accommodées aussi avec le fromage *(voir recette p.153)*. La brioche ou le clafoutis précèdent la fameuse liqueur des Chartreux.

Meissonier

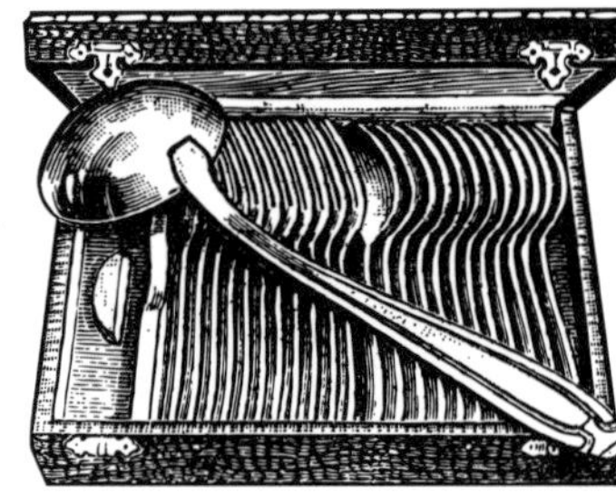

# L'armée ou la chimère de l'aventure

*« Il ne faut pas désirer des choses incompatibles. »*

Stendhal

Débarqué à Paris au lendemain du coup d'État du 18 Brumaire, le jeune Grenoblois est déçu par la découverte d'une capitale dans laquelle il n'est rien. Aux travaux astreignants et répétitifs de Polytechnique, il préfère les longues flâneries sur les boulevards. Mais tout l'agace et le gêne dans cette ville dont il ignore la topographie et le fonctionnement et dont la première impression lui est plus que désagréable : « La boue de Paris, l'absence de montagnes, la vue de tant de gens occupés passant rapidement dans de belles voitures à côté de moi connu de personne et n'ayant rien à faire me donnaient un chagrin profond. »

Eh oui, qui ferait cas de ce jeune nigaud un peu balourd, qui manque se faire écraser en traversant les rues crasseuses, ignore les usages et rougit en croisant une belle dame ? Aussi, dans sa petite chambre près des Invalides, il se languit et tombe bientôt malade. Un cousin de ses parents, Noël Daru, Premier secrétaire de l'intendant de Languedoc sous l'Ancien Régime et désormais bourgeois en retraite rue de Lille, lui envoie un médecin, le recueille chez lui, et demande à son fils Pierre, secrétaire général du ministère de la Guerre, de lui trouver un emploi. Il n'est pas question de rester oisif dans cette famille de travailleurs consciencieux, même pour un jeune cousin aussi timide que naturellement gauche et indécis, et que les Daru considèrent volontiers comme « l'idiot de la famille. »

Nul doute qu'il se souvient de cette époque et de son cortège de frustrations et d'émotions, lorsqu'il campe le personnage de Julien Sorel. En attendant, le futur intendant général de la Grande Armée, ministre et comte de l'Empire, ce bourreau de travail dont Napoléon dit à Sainte-Hélène qu'il avait « la force du bœuf et le courage du lion », s'exécute : Henri Beyle est nommé secrétaire au ministère de la Guerre, avec ordre de se présenter le matin de bonne heure, de travailler dur et, comme on dirait aujourd'hui, de *se tenir à carreau*.

Coincé entre deux piles de dossier, à la lueur tremblotante d'une lampe bouillotte, le futur Valmont de son siècle ne tarde pas à s'ennuyer ferme et ne donne guère satisfaction à son chef de service, qui ne goûte ni son écriture, ni son style, ni son dilettantisme. Daru comprend vite que son protégé ne sera jamais gratte-papier. Il lui fait obtenir une sous-lieutenance dans l'armée, le 7 mai 1800. Veut-il de l'action ? Il en aura ! « J'étais absolument ivre, fou de bonheur et de joie », témoigne le promu. « Ici commence une époque d'enthousiasme et de bonheur parfait. »

Accompagné du capitaine Burelviller, qui lui enseigne les rudiments de l'équitation et du maniement des armes tout en veillant sur lui, Stendhal, bientôt âgé de dix-huit ans, quitte alors Paris pour la Suisse. En traversant le Grand-Saint-Bernard, il manque tomber dans un précipice et finir sa course dans un lac, essuie quelques tirs et avance au bruit du canon ; il admire tout ce qu'il voit, tout ce qu'il entend et n'aspire, du reste, « qu'à voir de grandes choses », à commencer par cet admirable paysage et les impressions qu'il lui procure, comme il le confie sur la route de Genève : « J'entendis tout à coup sonner en grande volée la cloche majestueuse d'une église située à un quart de lieu au-dessus de Rolle ou de Nyon. J'y montai. Je voyais le beau lac s'étendre sous mes yeux, le son de la cloche était une ravissante musique qui accompagnait mes idées et leur donnait une physionomie sublime. Là, ce me semble, a été mon approche la plus voisine du bonheur parfait. Pour un tel moment, il vaut la peine d'avoir vécu. »

Le voici enfin à Milan, certes dans les fourgons de la réserve, mais à quelques encablures de l'endroit où s'écrit la grande Histoire. Après un baptême du feu assourdissant, où par forfanterie il s'expose volontairement et découvre ainsi *le sublime*, l'apprenti-officier est affecté au 6e régiment de dragons en résidence à Brescia. Mais au fil des mois, livré à la médiocrité du service, le jeune officier à l'uniforme vert rehaussé de rouge, manteau blanc et casque doré à crinière noire, s'aperçoit bien vite qu'il n'a pas encore la vie dont il rêve, même si, pour un temps, il a le privilège de servir le général Michaud comme aide de camp.

Le scénario de Paris ne tarde pas à se reproduire. Il tombe malade, demande un congé et rentre en France au printemps de l'année 1802. On l'aperçoit à peine à Grenoble, où il rend visite à son père et ses sœurs mais on le croise à Paris, où avec une assurance plus grande, il fréquente les salons, les théâtres et l'opéra, prend des cours de danse et de déclamation. Il tente de séduire les dames et, de ce fait, peste contre la modicité de ses revenus – une petite rente que sa famille lui verse et la solde de l'armée. Un portrait de lui est réalisé au physionotrace, de profil, avec des favoris, une coiffure bouclée à la mode, en redingote et le col haut, la cravate blanche débordante. Un dandy de boulevard, désormais sûr de lui, comme un fauve devant quelque joli minois féminin sur lequel il s'apprête à bondir.

Sans doute a-t-il mûri, comme il l'avoue lui-même : « Un an de luxe et de plaisirs de vanité, et j'ai satisfait aux besoins que l'influence de mon siècle m'a donnés, je reviens aux plaisirs qui en sont vraiment pour mon âme, et dont je ne me dégoûterai jamais. Mais dans ce temps de folie, je me serai défait de ma timidité. Chose absolument nécessaire pour que je paraisse moi-même ; jusque-là on verra un être gourmé et factice, qui est presque entièrement l'opposé de celui qu'il cache... » A-t-il encore des illusions ? Le sacre et couronnement de Napoléon, à Notre-Dame, auquel il assiste de loin, le 2 décembre 1804, ne lui inspirent qu'ironie. Que faire ? Il songe un moment à devenir banquier, mais son père refuse de lui prêter les fonds nécessaires à son établissement. Est-ce sa réception dans la franc-maçonnerie en août 1805 qui le stimule ? Nul ne sait, mais le sous-lieutenant désœuvré, en congé prolongé, décide enfin d'affronter la vie et redemande un poste à Pierre Daru. Par esprit de famille et en dépit de la mauvaise opinion qu'il a de son cousin, Daru accepte, l'expédie aussitôt en Allemagne, ou mieux lui demande de l'accompagner outre-Rhin. Nouvelle destination et nouvelle aventure ! À vingt-trois ans à peine, le 16 octobre 1806, dans la voiture de Daru, il s'engage sur la longue route de Paris à Berlin, à l'heure où Napoléon remporte à Iéna l'une de ses plus importantes batailles. Une fois à destination, il découvre avec intérêt la Prusse du grand Frédéric, dont il visite avec émotion le tombeau. Il quitte bientôt Berlin pour devenir l'adjoint de Daru à Brunswick. En chemin, il fait étape dans une petite ville de l'ancienne Ligue hanséatique, qui s'appelle Stendal, l'ancienne Steinedal, « la vallée des pierres ». Est-ce la sonorité de ce nom qui lui plaît, ou le fait que cette ville a vu naître l'archéologue qu'il admire tant, Johann Winckelmann ? Toujours est-il qu'il n'oublie pas ce nom pour signer plus tard ses livres. Paradoxalement, c'est donc avec un patronyme glané en Allemagne et qu'il rehaussera d'un « h » à consonance germanique que ce grand amoureux de l'Italie est donc entré dans l'histoire des lettres.

Il réalise bientôt que l'armée n'est pas faite pour lui et finit par en démissionner, cette fois pour de bon.

La *Servitude et Grandeur militaire* chères à Vigny ne lui conviennent point : il est trop rebelle, trop original, trop dispersé pour s'y vouer entièrement. Il choisit cependant de demeurer dans l'architecture complexe du Grand Empire et son destin sera celui d'un fonctionnaire civil, dans un régime qui reste éminemment militaire, dominé par un être d'exception, Napoléon. Il le critique d'abord, l'admire ensuite au point de lui consacrer un de ses livres, sans même l'avoir jamais vu de près – sauf, peut-être, comme le suggèrent certains, après la bataille de Bautzen – ce qu'il reconnaît d'ailleurs à ce mot : « Napoléon ne parlait pas à des fous comme moi. »

# La conquête de Paris

Descendant de la malle-poste qui l'emmène de Grenoble à Paris à l'âge de dix-sept ans, Henri Beyle déborde d'enthousiasme : « J'arrivais à Paris avec le projet arrêté d'être un séducteur de femmes, ce que j'appellerais aujourd'hui un Don Juan, d'après l'opéra de Mozart. »
Cette confidence, il la livrera bien plus tard, à l'approche de la cinquantaine dans son autobiographie *Vie de Henry Brulard*. Mais il se trouve gauche, timide et maladroit. La désillusion ne tarde point : « Ce qui me manquait, c'était un cœur aimant, c'était une femme. » Car il n'a pas le goût, au temps de sa jeunesse, de « prendre une jolie fille pour un louis rue des Moulins », célèbre maison close au numéro 6 de ladite rue, où quelques décennies plus tard, Toulouse-Lautrec prendra pension pour avoir ses modèles sous la main, les filles et leurs clients. Cette sécheresse du cœur l'amène à « trouver plat et détestable ce Paris que je m'étais figuré le souverain bien ! » Sombre tableau : « La cuisine parisienne me déplaisait souverainement, et me déplaît encore après tant d'années. » Il vise en particulier le cérémonial des salons où il est reçu. Il sera plus nuancé, avançant en âge, avec la nourriture des restaurants qu'il fréquente assidûment. C'est la Révolution de Juillet (1830) qui le fait changer d'avis sur Paris, sa cuisine et ses habitants : « Je me moquais du courage des Parisiens et de la résistance que j'attendais d'eux. Aujourd'hui, j'estime Paris. J'avoue que pour le courage, il doit être placé au premier rang, comme pour la cuisine, comme pour l'esprit » (*Souvenirs d'Égotisme*).
Au total, Stendhal passe dix-sept années de sa vie à Paris, entrecoupées de voyages incessants.
Venu préparer l'École polytechnique, il est aussitôt chaperonné par son cousin Pierre Daru, futur intendant général de la Grande Armée qui fait entrer Stendhal, à 23 ans dans l'Administration impériale. « On l'oublie : Henri Beyle fut un acteur relativement important de l'épopée napoléonienne » rappelle Jean Tulard, l'immense historien de la geste impériale, dans son *Dictionnaire amoureux de Napoléon* (Plon, 2012). En effet, protégé par son cousin, il est bientôt adjoint aux commissaires des guerres. « On imagine cet homme si raffiné, si nourri de musique, contraint de s'occuper

de pantalons ou de harnais », poursuit Jean Tulard. Et Julien Gracq, le grand écrivain, de dire « La chute de Napoléon a été la chance de Stendhal. Tout de même, après que la première réussite dans l'épicerie eut tourné court à Marseille, il était en train de se pousser joliment, quoi qu'on dise, dans les riz-pain-sel de la Grande Armée » (*En lisant, en écrivant*). De son passage à Marseille aux trousses d'une jeune comédienne et rêvant de devenir banquier, son *Journal* retient le mot « bouillabaisse », sans autre détail. Puis, de 1806 à 1814 Stendhal partage la nourriture du soldat, la plupart du temps en campagne, jusque sur les bords tragiques de la Bérézina. C'est la limite d'une forme d'héroïsme gastronomique.

Sitôt à Paris, Stendhal en congé s'abat dans un hôtel de la rive droite, car il n'a pas de domicile fixe. « Déménager, pour échapper à la tyrannie de l'habitude. » C'est une façon pour lui d'être parisien. De 1799 à 1841, les historiens comptent vingt-neuf logements occupés, puis délaissés par Henri Beyle. C'est plus qu'une habitude, c'est un art de vivre. Stendhal n'a jamais eu de chez soi, de foyer stable. Il lui convient de bouger, pour réfléchir, écrire, ou dicter ses œuvres multiples. Si l'on tient compte des lits hospitaliers qu'il a fréquentés, et du nombre des draps parfumés qu'il a froissés, en supplément et chez l'habitant, ou plutôt chez ses hôtesses, lieux privés, hôtels ou maisons de rendez-vous, comme il en existait une kyrielle dans le Paris agité de cette époque, on dresserait un cadre pour le catalogue de Leporello dans le *Don Giovanni* de Mozart et Da Ponte. Jamais Stendhal n'a donné de grands dîners chez lui. C'est une des raisons pour lesquelles il semble indifférent à ce qu'il mange. Il picore aux tables officielles, somptueuses et particulièrement fournies de ce temps post-révolutionnaire, consulaire et impérial. A-t-il été reçu à la table de Talleyrand ? « Il était un homme d'infiniment d'esprit, qui manquait toujours d'argent. En ce sens c'était un vrai grand seigneur » écrit Stendhal au moment de la mort du prince de Bénévent (1838).

La table de Talleyrand rivalise avec celle de Cambacérès, archichancelier de l'Empire. Talleyrand qui a été propriétaire de l'Hôtel Matignon de 1808 à 1811, a un jour fait servir un magnifique poisson dressé sur un torpilleur, nom donné aux grands plats argentés à décors. Agissant sur ordre, le maître d'hôtel s'étale devant les convives et répand les précieuses denrées sur le sol. Impérial, Talleyrand fait un signe ; deux autres serveurs apportent aussitôt un saumon encore plus richement apprêté que le premier. En partance pour le Congrès de Vienne, lors de la Première Restauration, en 1814, il décide d'emmener avec lui le cuisinier Carême et écrit à Louis XVIII « Sire, j'ai plus besoin de casseroles, que d'instructions écrites. »

# L'administration d'occupation ou la quête de l'impossible

*« Il est difficile de ne pas s'exagérer le bonheur dont on ne jouit pas. »*

Stendhal

En ce mois de novembre 1806, à Brunswick, Henri Beyle s'initie donc à l'administration des territoires occupés par un Grand Empire alors à son apogée. Il n'en est qu'un modeste maillon, mais tout de même un de ces représentants que les gens du petit peuple nomment « monseigneur », ce qui l'amuse et le flatte tout à la fois. Motivé peut-être par les us et coutumes germaniques, il s'implique ici bien davantage qu'en Italie, s'attelle consciencieusement à sa tâche le jour, et à la nuit tombée, dès que les salons de Brunswick commencent à lui ouvrir leurs portes, se met à jouer les mondains impénitents.

Ce fin gastronome ne prise guère la lourdeur de la cuisine germanique – en particulier la choucroute, qu'il estime « bêtifiante » – ou l'habitude de dormir sous des couettes étouffantes. Les préjugés sur les populations locales, qu'il juge lourdes et sans esprit, abondent dans ses *Notations sur le duché de Brunswick*, son premier texte de fonctionnaire lettré mais ignorant encore son destin de grand écrivain. Gloriole ou présomption du conquérant persuadé que les pays vaincus sont inférieurs ? Sans doute, mais le jeune homme reconnaît au moins une supériorité incontestable à l'Allemagne, celle d'avoir donné le jour au plus grand musicien de tous les temps, Mozart. Bien plus que le répertoire de la Scala, sa découverte lui fait l'effet d'une révélation métaphysique. À ses nombreuses heures de loisirs, il s'initie à la littérature allemande et agrémente sa quête hautement romantique de longues randonnées dans la campagne environnante, qu'il raconte à sa sœur Pauline. En matière de musique ou de langage, il ne manque pas d'oreille et ses grandes capacités intellectuelles lui permettent d'assimiler rapidement. Au bout de deux ans cependant, M. de Beyle, ainsi qu'il se fait désormais appeler dans le monde, reçoit une nouvelle affectation : pressenti pour l'Espagne puis la Pologne, il se trouve finalement muté commissaire des Guerres à Vienne. Quelle merveilleuse époque pour les fonctionnaires que ce Grand Empire ! La route qui le mène de l'Allemagne à l'Autriche *via* Strasbourg lui fait découvrir le romantisme d'une Europe vierge d'industrialisation, et la lenteur des voyages lui permet d'admirer les paysages et de savourer les mœurs, les langues et la cuisine des différentes régions, sans compter la beauté des femmes, dont le charme éternellement renouvelé le séduit tant.

Et bien sûr, Vienne, où vécurent le divin Mozart qu'il vénère tant, et Haydn, qui vient tout juste de s'éteindre. Beyle assiste d'ailleurs en uniforme à l'hommage rendu au compositeur, et c'est à cette occasion qu'il entend pour la première fois le *Requiem* de Mozart. N'est-il pas révélateur que son premier livre – *Vies de Haydn, Mozart et Métastase* – soit dédié à la musique ? Vienne lui plaît indéniablement et, même si à ses yeux, la ville ne vaut pas Milan, il ne s'y ennuie pas, ce qui, pour lui, est primordial.

Après avoir éprouvé en route la dure réalité de la guerre – en particulier un bon nombre de cadavres de soldats français tués à Ebersberg –, il entre le 12 mai 1809 dans une Vienne qui vient tout juste de capituler. Il assiste à l'arrivée victorieuse à Schönbrunn d'une revue présidée par Napoléon lui-même, de même qu'il observera plus tard l'empereur François lors d'une cérémonie à Saint-Étienne, s'autorisant une comparaison des deux hommes peu flatteuse pour le second. Enfin, se rencontrent-ils un jour ? Depuis son entrée dans le service, le cousin de Daru semble toujours courir derrière Napoléon, sans jamais se trouver au bon endroit. L'un comme l'autre sont deux hommes pressés qui ne vont pas dans la même direction !

De Vienne, Beyle part en mission pour la Hongrie, dont il ressent profondément le charme et l'onirisme. Mais ces balades romantiques ne l'empêchent pas de remplir correctement son office : il est désormais un fonctionnaire sérieux et apprécié de ses supérieurs. Il n'en néglige pas pour autant ses loisirs, et perfectionne son côté dandy par des cours d'équitation ou de tir au pistolet, sans compter ses sorties dans les salons, les cafés, les bals, au théâtre et à l'opéra.

Le 2 janvier 1810, il reçoit l'ordre de regagner Paris, où il vient d'être promu auditeur au Conseil d'État. Il y poursuit cette douce existence mi-administrative, mi-mondaine, entre alcôve et bureau, bien loin des batailles tragiques que livrent au quotidien les soldats de la Grande Armée.

Ses émoluments ont substantiellement augmenté, il peut s'offrir un cabriolet, louer un élégant appartement qu'il partage avec son ami Louis de Bellisle. Le 22 août de cette même année, il est nommé inspecteur de la comptabilité des Bâtiments et du Mobilier de la Couronne, mais cette situation enviée ne lui procure pas le bonheur qu'il poursuit comme une chimère. Tout cela le laisse insatisfait car, écrit-il, « il me faut aimer et être aimé. » N'est-ce pas au fond le plus difficile dans une vie ? Plus il gagne en maturité, plus il doute de sa capacité à goûter un jour la paix intérieure, qui n'appartient sans doute qu'aux médiocres. Peut-être est-ce là que le romantisme, dont les affres tourmentent l'âme et la conscience de tous les jeunes hommes de cette époque, prend sa source ? Il analyse avec beaucoup de lucidité et de pertinence son mal-être intérieur jusqu'à lui donner un nom, le « beylisme ».

Recommencerait-il à s'ennuyer ? Il n'en a pas le temps : le 23 juillet 1812, à la demande de Daru, le voici qui prend la route de la Russie. Sa mission ? Porter, sur ordre de l'impératrice Marie-Louise, qui l'aurait reçu en tête-à-tête quelques minutes – le dit-il pour nous en convaincre, ou mieux, s'en convaincre lui-même ? – nombre de courriers et de paquets à l'Empereur, qui entreprend là-bas une campagne militaire particulièrement périlleuse. Il traverse l'Allemagne à bride abattue vers la Russie, bien que la mission ne l'enchante guère : « Dans cet océan de barbarie, pas un son qui ne réponde à mon âme. Tout est grossier, sale, puant au physique et au moral », écrit-il, insensible au charme des steppes infinies.

Il arrive à Moscou le 14 septembre. Ce n'est probablement pas à l'Empereur lui-même qu'il remet son colis car il n'aurait pas manqué de livrer quelques commentaires à la postérité. Sa mission accomplie, il commence à découvrir l'ancienne capitale des tsars et son nombre impressionnant de palais. Mais l'incendie de la cité, à l'initiative de son gouverneur, Rostopchine – dont Beyle se demande « s'il est un scélérat ou un Romain » – l'en chasse bientôt, ainsi que l'Empereur et l'ensemble de son armée. Dans une maison en feu, il découvre un exemplaire des Facéties de Voltaire, qu'il emporte en souvenir : « Nous sortîmes de la ville éclairée par le plus bel incendie du monde, formant une pyramide immense qui avait, comme les prières des fidèles, sa base sur la terre et son sommet au ciel. La lune paraissait au-dessus de cette atmosphère de flamme et de fumée. C'était un grand spectacle, mais il aurait fallu être seul pour le voir. Voilà la triste condition qui a gâté pour moi la campagne de Russie, c'est de l'avoir faite avec des gens qui auraient rapetissé le Colisée et la mer de Naples. »

Chargé de l'approvisionnement de la Réserve, il file vers Smolensk, puis Vilna, où des Cosaques l'attaquent par un froid polaire. Il mesure alors les difficultés de cette dramatique retraite, où les soldats de la Grande Armée succombent comme des mouches. Il se contente d'un quignon de pain, de munitions ou d'un morceau de suif acheté à prix d'or. Mais cet incorrigible coquet prend tout de même soin de sa personne, ce qui lui vaudra cette remarque inattendue de Daru : « Vous avez fait votre barbe ? Bravo, vous êtes un brave ! »

Le 27 novembre, il franchit la Bérézina, la veille de cette terrible bataille que les Russes appellent Borodino, et met le cap sur Dantzig, puis Berlin, asile d'autant plus sûr qu'il le connaît déjà. Il fanfaronnera plus tard, en se vantant d'avoir pris la retraite de Russie « comme un verre de limonade », ou que celle-ci « l'a brouillé avec la neige ». Mais à dire vrai, comme nombre de ceux qui ont vécu cette aventure, il a subi un véritable traumatisme dont il met longtemps à guérir : « Nos peines physiques de Moscou à ici ont été diaboliques ; nous sommes tous à faire peur. » Ou, à son retour : « Je suis actuellement dans un état de froideur parfait, j'ai perdu toutes mes passions. »

L'expérience de la retraite le marque donc profondément. Elle lui permet aussi de faire savoir à la postérité qu'il est capable de courage et de virilité ailleurs que dans les lits des femmes. Ainsi, malgré une carrière sans gloire, il ne se montre pas tout à fait indigne d'une épopée impériale qu'il sert à sa manière, en la racontant dans ses livres : « Ce voyage seul me paie ma sortie de Paris en ce que j'y ai vu et senti des choses qu'un homme de lettres sédentaire ne devinerait pas en mille ans. » Balzac lui écrit plus tard pour lui dire que son rêve aurait été de raconter une bataille aussi bien que lui ! Ou Tolstoï qui, comme lui, écrira : « Relisez, dans La Chartreuse de Parme, le récit de la bataille de Waterloo. Qui donc, avant lui, avait décrit la guerre comme cela, c'est-à-dire comme elle est réellement », avant d'ajouter « Mon premier maître fut Stendhal. »

Son Guerre et Paix achevé, le périple administratif de Beyle se poursuit cahin-caha avant la catastrophe finale. En avril 1813, il va de Mayence à Sagan puis enfin à Dresde, où il tombe malade, ce qui le contraint à revenir à Paris. Il prend bientôt quelques vacances, notamment à Grenoble où son grand-père Gagnon s'éteint, emportant avec lui les dernières images de son enfance. À la fin du mois de mars 1814, il se trouve à Paris, pour l'abdication de l'Empereur. « Je tombai avec Napoléon. Qui le croirait ! Quant à moi, personnellement, la chute me fit plaisir. » Faut-il croire Beyle sur parole ? En fait, il se rallie sans trop d'état d'âme à Louis XVIII et attend du nouveau gouvernement un poste qui ne vient pas et le laisse longtemps livré à lui-même.

# Dans l'assiette de l'Empire austro-hongrois

Le 18 octobre 1806, Henri écrit à sa sœur : « Nous allons à Cobourg, mais l'Empereur est sans doute bien en avant. Nous allons d'ici à Mayence, de Mayence à Wurtzbourg, de Wurtzbourg à Bamberg, de là, à Cobourg et de là, à la gloire. »
Le 27 octobre, Napoléon entre à Berlin. Le 13 novembre, Henri Beyle est nommé adjoint aux commissaires des Guerres et intendant des Domaines impériaux. Il est envoyé à Brunswick en Basse-Saxe. Son journal garde la trace d'un dîner au cours duquel il découvre les pommes de terre frites : « À quatre heures moins un quart, j'ai dîné avec du mouton grillé, des pommes de terre frites et de la salade. Les deux premiers plats viennent de chez Janaux et sont payés 6 bongros pièce (18 sous). » Ce n'est qu'en 1842, précise le Robert dans son *Dictionnaire historique de la langue française*, citant Stendhal, que le verbe frire, « est substantivé en frite, ellipse de pomme de terre frite (1808, Stendhal). » À défaut d'avoir l'image d'un gastronome, Stendhal a laissé à propos de la frite une de ces traces dont sont gourmands les philologues, et, ne boudons pas notre plaisir, une modeste mais réelle contribution à la gloire de la frite. Les séjours de Stendhal en Allemagne lui permettent de découvrir Mozart et, selon son habitude, de tomber amoureux… Ce coup-ci, de Wilhelmine von Griesheim, fille de l'ancien gouverneur de la ville. Pour une fois, Stendhal livre ses sentiments à propos de la cuisine du pays. Il n'aime ni le pain noir, ni la choucroute, ni la bière : « Ce régime rendrait flegmatique l'homme le plus emporté. À moi, il m'ôte toute idée. »

Le 12 mai 1809, Napoléon entre dans Vienne où Stendhal rejoint Martial Daru, intendant de la province. Que n'a-t-il rencontré Franz Schubert, il est vrai de quinze ans son cadet ? Leurs échanges auraient porté sur Goethe, que l'un et l'autre admirent : Stendhal lui a fait quelques emprunts, tandis que Schubert lui fera porter *Le Roi des Aulnes*. À la différence des Italiens qui triomphaient à Paris, Franz Schubert, lui, a peu voyagé. Pauvre, il vit à Vienne, dans une société d'amis choisis de l'aristocratie musicale. Il sait, lors des « schubertiades » – parties de campagne musicales – confectionner un *goulasch* à sa manière. L'on a retrouvé naguère cette recette. L'invention culinaire de Schubert est d'y ajouter au dernier moment de petits cubes de foie de veau et de la graisse de rognons, qui en augmentent la succulence.

« Ma garde malade me faisait le pot-au-feu près de ma cheminée », se souvient Henri Beyle, souffrant, qui doit garder la chambre pendant un mois lors de son premier séjour parisien (*Vie de Henry Brulard*). C'est ce même pot-au-feu que Goethe a découvert chez un habitant du village où il loge, à Sivry-sur-Meuse, lorsque membre de l'état-major du duc de Weimar, il participe à la campagne de France de 1792 : « Au-dessus du feu pendait une grosse marmite de fonte dans laquelle bouillait le mets national appelé « pot-au-feu » et j'en suivis les apprêts avec beaucoup d'intérêt... Le bœuf était déjà presque cuit lorsqu'on mit dans la marmite des carottes, des navets, des poireaux, des choux... » En Allemagne le pot-au-feu s'appelle *Gekochtes Rindfleisch* tandis qu'en Autriche, le morceau de flanchet de bœuf cuit au pot, servi avec os à moelle, légumes pochés et sauce au raifort ou à la ciboulette, c'est le *tafelspitz*. C'est le plat favori de François-Joseph. Stendhal l'a-t-il dégusté lors de son passage à Vienne ? L'Autriche a connu un très riche mélange d'influences culinaires car l'Allemagne, la République Tchèque, la Slovaquie, la Hongrie, la Croatie, la Slovénie et même l'Italie ou la Suisse ont jadis été sous l'autorité des Habsbourg. La célèbre *wiener schnitzel* (escalope de veau panée), qui passe pour un plat typiquement autrichien, a été importée d'Italie en 1848 par le maréchal Radetzky. Elle est aujourd'hui encore l'un des plats préférés des Athéniens, qui, après avoir secoué le joug ottoman, ont eu pour roi Othon de Wittelsbach, fils cadet de Louis Ier de Bavière. Le goût – celui des vainqueurs – emprunte souvent le chemin des campagnes militaires ou des alliances nationales.

# Pirojkis et samovar...

Le 23 juillet 1812, Henri Beyle appelé par Pierre Daru, rejoint la Grande Armée, chargé de courriers et de paquets pour l'Empereur. C'est la dure loi des armées en campagne : « Dans cet océan de barbarie, pas un son qui ne réponde à mon âme ! Tout est grossier, sale, puant au physique et au moral. »

Smolensk est en feu, c'est bientôt Borodino. Enfin la Grande Armée pénètre dans Moscou le 14 septembre, mais doit bientôt quitter la ville en proie à un incendie allumé très certainement sur ordre du gouverneur Fédor Rostopchine. Stendhal est saisi par le spectacle.

Il n'a guère au milieu d'un tel bouleversement le loisir d'apprécier la cuisine russe, ses soupes et ses potages variés, sur le mode de l'aigre doux *(Voir recette p. 144)*. C'est la « basse continue » de la cuisine rurale russe, toujours mêlée à la crème aigre et à la betterave. Les cuisines du monde se distinguent toutes ainsi par une gamme de base qui les fait reconnaître, un signe distinctif qui constitue leur invariant identitaire. Les fêtes culinaires signent également les grandes cuisines qu'elles soient élitaires (Tosltoï), ou nobiliaires et paysannes à la fois (Tourgueniev). Sur la table dressée avec une nappe brodée, on trouve le cochon de lait, des petits pâtés (*pirojkis*), le *koulibiac* et les entremets, *paskha* et *koulitch*, sans oublier les salières de sel béni et les galettes de pain azyme, pour la grande Pâque russe. L'aneth, le raifort et l'oignon, le sésame, sont de doux condiments qui constituent dès cette époque un bouquet aromatique aux secrets ingrédients. Avec les *zakouski*, les poissons fumés de la Baltique, inséparables de la vodka, puis la crème aigre, c'est le modèle du goût russe. Mais à l'inverse, le premier « emprunt » russe, c'est celui que ce pays a fait à la cuisine française. Ajoutons pour faire bonne mesure, les mariages diplomatiques, celui de la princesse Anne de Kiev avec le roi Henri 1er de France. Le thé fait exception : ce sont les délicats voisins mongols qui apportent le samovar. Au Grand Siècle, Pierre le Grand visite madame de Maintenon dans sa ruelle, nous dit Saint-Simon, et la Grande Catherine, amie de Diderot, fait néanmoins préparer par son cuisinier français, les suaves mélanges allemands, le chou et la betterave accommodés à la moutarde et au miel. L'apogée des échanges culinaires franco-russes date d'Alexandre I^er^, qui est applaudi par les Parisiens en 1814, sur les Champs-Élysées, rapporte Chateaubriand. Il invite à Moscou le grand cuisinier Carême lequel, outre la truffe, vient avec ses sauces gigognes, genre poupées russes, dont il a le secret. Il n'est point alors de petit noble, de « barine », de général Dourakine, lecteur de L'*Encyclopédie,* qui n'invite dans sa cuisine un maître queux français. La Russie consomme aussi la viande d'ours (*mitviet*), fine et goûteuse, que l'on mange en France à la même époque quand l'espèce est abondante. L'ours, animal mythique, inspirera à Prosper Mérimée après un voyage en Russie une étrange nouvelle intitulée *Lokis*.

# La diplomatie ou l'art de faire une fin

*« Il n'y a qu'un moyen de faire supporter la vieillesse, c'est la gloire et une âme ardente. Alors, elle vaut peut-être mieux que la jeunesse. »*

Stendhal

À cette époque, demi-solde civil, toujours inconnu, sans emploi puisqu'il a été licencié, Beyle traverse une crise durable. À la mort de son père, au printemps de l'année 1821, il devient légataire d'un petit héritage de 3 500 francs, qui lui permet à peine de subsister quelque temps. Malade, traité à coup de saignées répétitives, affectivement seul, encore méconnu malgré la publication de ses premiers ouvrages, et hostile à cette Restauration, qui n'enchante guère, sinon le bonapartiste qu'il n'est peut-être pas tout à fait au fond de lui-même, du moins le républicain nostalgique de la Révolution, il songe même à se brûler la cervelle.

Il fréquente cependant quelques salons qui lui redonnent peu à peu goût à la vie : celui de Destutt de Tracy, dont il subit la forte influence intellectuelle, celui de La Fayette, idole de la génération romantique et opposant à l'Empire et à la Restauration, celui du baron Gérard ou encore celui de madame Ancelot dont il est, comme tant d'autres, amoureux. Toujours dandy, malgré ses moyens limités, il se rend très souvent à l'opéra, car la musique demeure l'ultime remède à son mal-être avec les femmes, comme son complice, le jeune Prosper Mérimée, avec lequel il cultive une relation en dents de scie.

Paradoxalement, cette période d'inactivité professionnelle est celle de la pleine maturité de cet homme de plume qui, à ce moment, par ses réflexions, se métamorphose en intellectuel, tel qu'on désignera, au XXe siècle les esprits engagés dans les combats de l'époque – ici, la crise du libéralisme, la montée en puissance de la contestation romantique contre le retour de la société d'Ancien Régime. C'est l'époque de ses relations avec Lord Byron et Walter Scott, Delécluze et Rémusat, dans le monde si fascinant et paradoxal de la Restauration, où le romantisme se ligue contre elle tout en profitant largement de sa faiblesse politique. Pourtant antiroyaliste viscéral, Stendhal ne s'exclame-t-il pas « On n'a jamais été aussi heureux en France que sous Charles X ! » ?

Il quitte parfois Paris pour des séjours plus ou moins longs, comme en Angleterre, en août 1817, premier des trois voyages qu'il effectue outre-Manche, avec deux complices, le Hollandais Schlitta van Dorsselaer, agent double du gouvernement français et le Britannique Édouard Edwards, surnommé Brother Brandy en raison de son goût prononcé pour l'alcool. À Londres, entre quelques moments de débauche avec les innombrables prostituées de l'immense cité, il découvre avec enchantement Shakespeare, qu'interprète la star de l'époque, Edmund Kean, au Drury Lane. Il retourne en Angleterre en 1821 et 1826. Entre-temps, il est devenu collaborateur au journal *Paris Monthly Review*, et assure la chronique de ce qu'on appellerait aujourd'hui la vie culturelle parisienne.

La Monarchie de Juillet qui débute en 1830 s'appuie sur les anciens cadres du Grand Empire. Fort de ses expériences administratives, Beyle fait acte de candidature, et espère même un poste de préfet. Mais, le 6 novembre 1830, sur proposition du comte Molé, nouveau ministre des Affaires Étrangères, il est nommé consul de France à Trieste, ce qui comble enfin cet amoureux de l'Italie et des Italiennes. Mais la cité est autrichienne et Vienne refuse l'*exequatur* à cet homme trop libéral pour elle. En 1831, il faut donc lui trouver un autre poste. Ce sera Civitavecchia, une petite cité située dans les États pontificaux, dont elle est l'unique port.

Stendhal, désormais auteur connu et reconnu, s'y précipite plein d'enthousiasme, mais découvre « un trou abominable », et, aux dires de son ami l'antiquaire Bucci, est persuadé qu'il va bientôt se retrouver « en proie au spleen s'il devait rester dans le même lieu. » Il est vrai que cette modeste ville de sept mille cinq cents habitants, simple port de transit sur la mer Tyrrhénienne, n'offre aucune distraction. On n'y trouve ni salon, ni théâtre, ni opéra. Son travail quant à lui ne présente aucun intérêt : il consiste à remplir de modestes tâches administratives, ce que son chancelier Lysimaque Tavernier fait beaucoup mieux que lui.

N'est-il pas contraint, en 1832, de tenir de fastidieux états comptables pour le corps expéditionnaire d'Ancône ? Pour l'écrivain, c'est le degré zéro de l'écriture ! Beyle n'a pas de mots assez durs pour parler de Civitavecchia, « ce cloaque » dans lequel il adopte sa nouvelle devise « SFCDT », entendons « se foutre carrément de tout ». Il relativise toutefois : « L'homme qui se vouerait à la poursuite de la félicité parfaite serait le plus infortuné de tous les êtres. On doit chercher à se rendre indépendant des circonstances », et peut-être va-t-il finir par y trouver la sagesse. Seule consolation – mais en est-ce une ? – il reçoit la croix de chevalier de la Légion d'Honneur, la seule distinction qu'il recevra de toute sa vie. C'est le consul et non l'homme de lettres qui la reçoit de Guizot, lui que, à tort ou à raison, la jeunesse romantique considère comme le plus réactionnaire de tous les dirigeants de l'époque !

Il l'arbore sur l'uniforme brodé dans lequel Silvestro Valeri le peint, vers 1835. Stendhal observe le spectateur de son regard d'enfant comme pour confier que derrière le personnage officiel se dissimule une âme candide et sincère. Est-ce le temps de la maturité ou de la fin de l'aventure ? L'homme, en tout cas, dévoile son âme derrière l'uniforme !

Pour se distraire un peu, il participe aux fouilles archéologiques conduites par son ami Donato Bucci. Son poste lui sert de base de voyage dans sa chère péninsule, bien qu'il lui arrive de s'en éloigner pour des déplacements aux Pays-Bas, en Catalogne et en France. Comme les fonctionnaires de son temps, il multiplie les congés pour toutes sortes de raisons plus ou moins sérieuses, comme ses problèmes de santé qui empirent. Il ressemble désormais au célèbre portrait dit *De la cinquantaine* qu'a laissé Dedreux-Dorcy : le front bombé surmonté de cheveux en bataille, un collier de barbe encadrant un visage peu séduisant, à l'exception du regard exceptionnellement intelligent et d'une ébauche de sourire mi-bienveillant, mi-cynique, tel que le décrit Romain Colomb, dans *Mon cousin Stendhal*, (Éditions Slatkine) croqué sur le vif :

« Il était de taille moyenne, et chargé d'un embonpoint qui s'était beaucoup accru avec l'âge. Il avait le front beau, l'œil vif et perçant, la bouche sardonique, le teint coloré, beaucoup de physiologie, le col court, les épaules larges et légèrement arrondies, le ventre développé et proéminent, les jambes courtes, la démarche assurée. Ce que Beyle avait de mieux, c'était la main, et pour attirer l'attention sur elle, il tenait ses ongles démesurément longs… Ayant conservé fort tard la prétention à passer pour homme à bonnes fortunes, prétention qui, il faut le reconnaître, n'était pas sans fondement, il professait une soumission absolue aux lois de la mode. Si différent des autres en toutes choses, il se rapprochait du vulgaire sur un point, la mode. Il mettait donc à contribution toutes les ressources de l'art, pour corriger ou dissimuler les torts de la nature envers lui, comme les traces de la marche du temps… À cinquante-neuf ans, Beyle se coiffait comme un jeune homme. Sa tête, faiblement garnie de cheveux, au moyen d'un fort toupet d'emprunt, offrait l'aspect d'une chevelure à peu près irréprochable. De gros favoris, prolongés en un large collier de barbe passant sous le menton, encadraient la face. Est-il besoin d'ajouter que les cheveux et la barbe étaient soigneusement teints en brun foncé ? Puis le cigare à la bouche et le chapeau légèrement sur l'oreille et la canne à la main, il se mêlait aux beaux du boulevard des Italiens. Sa susceptibilité pour tout ce qui touchait sa toilette était extrême ; une observation quelque légère qu'elle fût sur la coupe d'un habit ou d'un pantalon pouvait le choquer sérieusement, car elle lui apparaissait comme une sorte d'épigramme à l'adresse de son physique ; c'était chez lui une fibre délicate. »

# *Across the channel*

*« Je n'ai aimé avec passion en ma vie que Cimarosa, Mozart et Shakespeare »* confesse Stendhal dans ses Souvenirs d'Égotisme.
Lors de son premier et bref voyage à Londres, en 1817, il n'a pas l'occasion de voir jouer l'une des œuvres du grand dramaturge au théâtre. « Londres me toucha beaucoup à cause des promenades le long de la Tamise… » Il y retourne en qualité de correspondant parisien du *New Monthly Magazine*, sans que l'on sache exactement comment il a obtenu cette collaboration. Est-ce le souvenir de la *Correspondance littéraire* de Grimm et Diderot qui l'incite à mettre sa plume au service de la presse anglaise ? Quelques-unes de ses lettres au *London Magazine* sont signées d'un mystérieux LPNDG. (Le petit-neveu de Grimm). Stendhal revient à Londres en octobre 1821 pour un séjour de cinq semaines, mais est horriblement déçu par une représentation médiocre de *Richard III*. Dans ses articles Stendhal rend compte de la vie littéraire à Paris, sans ménager ses contemporains qui, d'ailleurs, le lui rendent bien : Chateaubriand est traité de vieux hypocrite, Victor Hugo le fait dormir debout. Son troisième voyage avec son ami Sutton Sharpe, en juin 1826, se prolonge jusqu'à la mi-septembre. Il est reçu dans la bonne société et a l'occasion de visiter la région des lacs. Son jugement sur l'Angleterre s'en trouve modifié. Outre Shakespeare « le seul écrivain lisible pour moi », il finit par admettre que les paysages sont dignes d'intérêt et que les jeunes filles « toujours d'une pâleur étonnante et d'une modestie charmante » valent le voyage, tout comme les bordels londoniens qu'il semble avoir fréquentés assidûment. Il s'offusque, en revanche, de voir les patrons anglais réduire l'ouvrier à « une machine travaillante », et confie à ses compagnons de voyage : « Le travail exorbitant et accablant de l'ouvrier anglais nous venge de Waterloo et de quatre coalitions. » Son jugement, cependant, est très sévère pour les mœurs anglaises, la religion « abominable », la justice réservée aux riches, les pauvres « plus esclaves qu'au Maroc. » Il s'indigne des « quatre mille cinq cents prisonniers dans les prisons anglaises, dont quinze cents pour des délits

de chasse » et précise : « Un paysan qui se trouve seul dans un bois, après le soleil couché, peut être jeté en prison pour un an, car il effraye les lièvres. » Comme à son habitude, Stendhal joue avec *maestria* de la profonde admiration, de la lucidité, de l'ironie et du sarcasme.

La table n'est pas sa préoccupation majeure, mais il reconnaît : « À Londres, j'ai appris que l'on cultive vingt-deux espèces de pommes de terre. » Plus sensible à la quantité qu'à la qualité, il souligne dans *Souvenirs d'Égotisme* qu'au Tavistock hôtel où il descend, à Covent Garden : « On mangeait tout ce qu'on voulait, et tant qu'on voulait pour 50 sous. On vous faisait des biftecks à l'infini, ou l'on plaçait devant vous un morceau de bœuf rôti de 40 livres avec un couteau bien tranchant. » Au fil de ses soirées et de ses rencontres londoniennes, Stendhal s'amuse des mimiques de deux sœurs peu farouches chez qui il a passé la nuit, surprises de le voir déboucher une bouteille de claret et de « real champaign *(sic)*, champagne véritable. »

À l'instar de Paris, où les restaurants fleurissent au lendemain de la Révolution, Londres connaît avec les bouleversements de l'industrialisation une évolution comparable comme le souligne l'historien Stephen Mennell dans *Anglais et Français à table* (Flammarion, 1987). En Angleterre, il est d'usage à la fin du XVIIIe siècle de dîner en ville entre gentlemen de la bonne société, car « une vraie dame ne dîne pas en public. » Les tavernes sont alors les ancêtres des restaurants qui se développeront sur le modèle parisien. Les *cookshops* sont fréquentés par des gens plus modestes. Le déclin de la grande tradition anglaise de la cuisine rustique au début du XIXe siècle a pour cause, outre l'industrialisation rapide, « le prestige dont le modèle français jouissait dans les plus hautes sphères de la société. La cuisine anglaise fut en quelque sorte décapitée » écrit Stephen Mennell. En 1833, Antonin Carême accrédite ce point de vue : « La cuisine française est arrivée de nos jours à son dernier état d'accroissement, triomphe de l'industrie de ses praticiens renommés ; et cependant, par suite de la misérable économie des hommes riches, les premiers talents culinaires végètent à Paris, et Londres s'enrichit de nos cuisiniers renommés. » Ce propos est paradoxal de la part du grand cuisinier qui, à la chute de Napoléon, se met au service du prince régent d'Angleterre, le futur Georges IV, après avoir régalé l'Europe diplomatique au Congrès de Vienne en 1814 à l'initiative de Talleyrand.

# L'Italie gourmande

En arrivant à Milan, par la Suisse et le Grand-Saint-Bernard, au début du mois de juin 1800, quelques jours avant la bataille de Marengo, Stendhal n'a pas vingt ans : « J'étais absolument ivre, fou de bonheur et de joie. Ici commence une époque d'enthousiasme et de bonheur parfait. »

Il rentre à Paris en 1802, ayant probablement contracté une maladie vénérienne. Mais sa passion pour l'Italie reste intacte : il y retourne en 1811, puis de 1814 à 1821. Ce n'est qu'après la Révolution de 1830 qui lui a permis d'obtenir un emploi public de consul de France à Trieste, puis à Civitavecchia, que ses séjours italiens pourront se dérouler sereinement, son principal souci étant alors d'écrire.

Il est d'usage dans notre culture de faire « la descente vers l'Italie », soit sur les ailes des soldats de l'an II, comme le Fabrice de Stendhal, ou bien à l'appel révolutionnaire de 1830, pour Angelo, le *Hussard sur le toit* de Giono. Montaigne a été l'un des premiers, Goethe a suivi. *Le Journal de voyage* de Montaigne (1580) constitue avec brio et jovialité, une ethnographie du délectable et du gouleyant. L'auteur des *Essais* regrette de ne pas être accompagné d'un cuisinier, non pour manger à son goût, mais pour se faire expliquer la cuisine italienne, car il avoue ne pas faire la différence entre un chou et une laitue. Il s'est laissé séduire cependant par les propos du maître d'hôtel du cardinal Carrafa lors de son arrivée à Rome : « Il m'a fait un discours de cette science de gueule avec une gravité et une contenance magistrales, comme s'il m'eût parlé de quelque grand point de théologie. » Stendhal s'est mis dans les pas de Goethe, en particulier lors de sa description de la descente vers la plaine du Pô en 1788, parcours initiatique s'il en est. À en croire les experts, ce ne serait pas le seul emprunt fait à l'auteur du *Voyage en Italie*.

Il y a plusieurs façons de voyager en Italie, à la façon de Chateaubriand afin de méditer devant « les décombres des siècles » ou bien avec humour comme le fera Giono arrivant à Florence : « Du haut du col de la Futa, on a sous les yeux un pays qui avec sa noblesse a gardé le sens de la soupe. » Il observe également une manière originale de faire cuire les rougets : « Voici ma méthode : très peu d'huile (et d'olive) dans la poêle. Il faut à peine la faire rire, et, dès qu'elle rit, on y dépose le poisson. » Ces quelques mots suffisent à saisir l'esprit de la cuisine de Toscane. Une simplicité souriante que l'on trouve de Florence jusqu'en Maremme, bordure maritime aux confins du territoire des Étrusques, terres de *latifundia*, où Marguerite Yourcenar situe *Le dialogue dans le marécage*. La cuisine italienne n'est certes pas la préoccupation majeure de Stendhal, mais elle tient une place centrale, cachée, dans son œuvre romanesque.

Inventrice de l'Opéra, l'Italie a souvent traité sa table comme un spectacle. La troupe innombrable des mets est issue de toutes les provinces du pays qui font le charme de cette *comedia dell'arte* que sont la préparation des repas et le repas lui-même. Les lieux du spectacle sont d'ailleurs bien plus les restaurants populaires (*trattorie*) qui théâtralisent la vie sociale, que les salons où Stendhal est reçu. Parfois, sous sa plume, le repas apparaît comme une cérémonie religieuse, celle du parfait amour. Éros plus qu'Agapé, évidemment. Les belles ont la gourmandise dans le regard. Bien malin qui saura le capter : Angela Pietragrua, Métilde Dembowski, Clélia Conti, victimes propitiatoires ?

Pour Stendhal, la splendeur de l'Italie, celle de Poussin à Corot, c'est aussi la Rome antique et les bergères légères qui font paître leur troupeau sur le *foro antico*. Dans toutes ces saynètes gastronomiques, quels que soient les agréments ou les accessoires déployés par l'art de la table, « la réussite tient à la délicatesse avec laquelle l'offre des nourritures vient combler le désir de l'héroïne » confirme Jean-Pierre Richard dans *Littérature et Sensation : Stendhal, Flaubert.* Et ce, jusqu'à l'extase virgilienne et ouverte sur la nature, tout en haut de la tour de Parme. « On se mit à table. Julien entendit la marquise qui disait un mot sévère, en élevant un peu la voix… Presque en même temps il aperçut une jeune personne, extrêmement blonde, et fort bien faite, qui vint s'asseoir vis-à-vis de lui. Elle ne lui plut point, cependant en la regardant attentivement, il pensa qu'il n'avait jamais vu des yeux aussi beaux ; mais ils annonçaient une grande froideur d'âme. Par la suite Julien trouva qu'ils avaient l'expression de l'ennui qui examine, mais qui se souvient de l'obligation d'être imposant. » *(Le Rouge et le Noir)* *(Voir recette p. 164).* « Si tu ne m'aimes pas, prends garde à toi ! » chante Carmen. Mérimée est un admirateur et ami très cher de Stendhal. Même esprit, même époque. Il sera le premier à lui consacrer un livre élogieux de souvenirs.

Au cours de ses divers séjours italiens, mis à part les femmes qui occupent ses pensées, Stendhal fréquente aussi les salons, va à l'opéra – la Scala de Milan, le San Carlo de Naples, la Fenice à Venise. À Milan, il rencontre Lord Byron qui n'a que 28 ans « le plus grand poète vivant », écrit-il. Il parcourt presque toute la péninsule et publie *Rome, Naples et Florence* (1817) puis à nouveau en 1826 : « Je ne prétends pas dire ce que sont les choses, je raconte les sensations qu'elles me firent », écrit-il dans *Rome, Naples et Florence*. Et d'ajouter : « J'écris comme on fume un cigare » ou encore : « Venise est la ville idéale pour ne penser à rien, et flâner comme un chat dans ses ruelles. » Puis soudain : « Je me précipite hors de Venise. Je ne veux plus m'occuper que d'idées sèches. » Il n'en observe pas moins les mœurs et les événements. Aussitôt le pape relégué aux ombres myrteux, Henri Beyle s'en réjouit. Diplomate en Italie, il est détesté par le Vatican, administration espionne contrôlée par l'Autriche et Metternich. Lorsque Napoléon prend le pape en otage et supprime les couvents (1807), il exulte : « Ce fut une mesure salutaire que celle qui rendit au travail et à la société ces pieux fainéants, qui, dans leur voluptueuse oisiveté, n'avaient d'autre souci que le soin de leur bien-être. »

# L'Italie ou la révélation sublime

*« Il y a cent fois plus de passion, ici, qu'en France. »*
Stendhal

Loin devant les conquêtes féminines, c'est l'Italie qui s'avère la véritable révélation de la carrière militaire puis administrative d'Henri Beyle. L'Italie : le plus fidèle et le plus constant de ses amours. Malgré les difficultés pour se déplacer à son époque, ce passionné de voyage est toujours prêt à grimper dans la diligence pour aller à la rencontre de son destin. Où qu'il aille en Europe – Allemagne, Autriche, Russie, Suisse, Angleterre et Catalogne – c'est toujours l'Italie qui a sa préférence, telle une seconde patrie, pour ne pas dire un véritable paradigme. Il lui voue la foi du charbonnier, et plus que nulle part ailleurs, ses paysages, ses monuments, son opéra, sa cuisine et ses femmes lui paraissent incomparablement plus beaux et estimables !

Pas seulement romantique par la plume, il en adopte aussi le comportement, en se ralliant au Grand Tour, un périple qu'effectuent des jeunes gens de l'aristocratie de l'époque et dont l'Italie constitue à la fois le cœur et l'acmé, un tropisme idéal. Rien d'étonnant, donc, à ce que le futur auteur des *Mémoires d'un Touriste* soit l'un des plus fins connaisseurs de la péninsule et conseille les amateurs de manière aussi avisée : « La meilleure manière d'aller de Paris à Rome ? D'abord la poste, mais il faut avoir une calèche construite à Vienne, et fort légère... Prenez peu de bagages ; en traversant ces petits États soupçonneux, chaque caisse ou malle est une source de vexations à la douane ou à la police. Toutes les dépenses sont doublées pour un voyageur qu'on voit arriver en poste, et les brigands n'arrêtent que les voitures en poste, dédaignant les autres. » N'ajoute-t-il pas encore : « Le voyage est un métier » ? Lui qui, dans l'art du voyage, loue non seulement les monuments, les mœurs et les idées qu'il découvre mais aussi les paysages, « comme un archet qui jouait sur mon âme », jusque dans leurs moindres détails : « L'œil du voyageur n'aurait rien à désirer s'il apercevait, de temps à autre, quelques vieux arbres de soixante pieds de hauteur... Abattre un grand arbre ! Quand ce crime sera-t-il puni par le Code ? » Ou encore : « Oh ! Combien notre exaltation spirituelle serait mesquine, face à un grand spectacle de la nature, si nous étions concernés alors et si nous ne pouvions faire tendre en direction d'une autre créature. »

Il arrive en Italie pour la première fois le 10 mai 1800, à Milan, et retrouve Daru après sa traversée des Alpes. C'est une révélation esthétique immédiate, totale et sans partage. Un mois avant la bataille de Marengo, si décisive pour le destin politique de Bonaparte, le jeune sous-lieutenant s'initie avec délices non seulement à sa gastronomie, mais encore à la beauté de ses monuments ou de ses femmes. Mais c'est surtout l'opéra, et la découverte de la Scala, dans un grand bruissement de notes, de mots, de rires et de larmes, qui lui arrache ce cri : « Milan est une fête ! » Ou encore : « Quand je suis avec des Milanais et que je parle milanais, j'oublie que les hommes sont méchants, et toute la partie méchante de mon âme s'endort à l'instant. » Il s'enivre des accents du *Matrimonio segreto,* s'enthousiasme pour des mélodies jusque-là inconnues, vibre au *bel canto* que les gorges palpitantes des cantatrices lui offrent avec générosité, à la flamme vacillante des bougies, avant de conclure : « À l'instant, mes deux grandes actions, 1 avoir passé le Grand-Saint-Bernard, 2 avoir été au feu, disparurent. Tout cela me sembla grossier et bas *(car)* tout fut divin dans Cimarosa. Je venais de voir distinctement où était le bonheur : vivre en Italie et entendre cette musique devint la base de tous mes raisonnements. » Ou encore : « La musique me console de bien des choses. Un petit air de Cimarosa que je fredonne d'une voix fausse me délasse de deux heures de paperasserie. » Ne partage-t-il pas une loge, un soir de 1801, avec le général Choderlos de Laclos, qui se dit charmé par la compagnie d'un jeune compatriote ? Et ne l'amuse-t-il pas, en lui confiant : « L'habitude de la musique et de sa rêverie prédispose à l'amour » ?

Toute sa vie Beyle a aimé la musique, à laquelle il a consacré un livre émaillé de fines annotations, dignes non d'un simple amateur, mais d'un mélomane averti, ce qui est plutôt rare pour un écrivain : « Le degré de ravissement où notre âme est portée est l'unique thermomètre de la beauté en musique. [...] Mais d'où vient ce plaisir ? La musique peint la nature ; Rousseau dit que souvent elle abandonne la peinture directe impossible, pour jeter notre âme, par des moyens à elle, dans une position semblable à celle que nous donnerait l'objet qu'elle veut peindre. » En fait, « la musique est la peinture des passions. »

L'Italie est donc la patrie de la musique avant d'être celle des paysages. Milan, puis les îles Borromées, qu'il visite en accompagnant Daru à Arona, puis Brescia, où il tient quelque temps garnison. Puis Vérone, Mantoue, Reggio, Bergame, autant d'étapes jalonnant l'année de ses dix-huit ans. L'Italie est en lui, à tout jamais, jusqu'à son dernier jour. En 1811, s'il demande un congé alors qu'il sert à Paris, c'est pour prendre aussitôt le chemin du Sud, cap sur la péninsule, où il rêve d'être envoyé en mission, alors qu'il doit se contenter d'y jouer les touristes. Dans la diligence, il devise avec plusieurs compagnons de route, dont le Génois Scotti et le Milanais Giacomo. Au fil des étapes, il écume les foyers d'opéra, du Nord au Sud de la botte, de la Scala au San Carlo de Naples. On le voit bientôt à Bologne, Florence et Rome, où, comme par hasard, il rencontre Martial Daru. On le presse de rentrer à Paris, le chef de famille s'impatiente. Mais il n'a cure de ses états d'âme et file sur Naples, le temps de visiter Pompéi et Herculanum et, bien sûr, d'aller écouter quelques opéras. Sur la route du retour, Milan et les îles Borromées concluent ces deux mois de *dolce vita* avant la reprise administrative et la vie parisienne.

Ce sont probablement les plus belles grandes vacances de toute sa vie, ainsi qu'il l'écrira. Si Bologne et Parme le déçoivent, il tombe « amoureux fou » des madones des églises. Certes, les christs le hérissent, mais le chant des oiseaux dans le Colisée le bouleverse, l'ascension du Vésuve est pénible bien sûr, mais elle l'enchante : « En voyage, j'ai besoin d'une certaine dose de conversation et d'épanchement... L'homme qui voyage pour jouir du son que produisent sur les âmes les montagnes et les caractères étrangers et pour connaître les hommes, doit prendre garde à se mettre trop loin de la nature. »

Pendant l'été 1814, Louis XVIII monte sur le trône, Beyle est de nouveau en Italie, il n'a plus rien à faire à Paris. De Milan, il part pour Gênes, visite Livourne, Pise et de nouveau Florence. Son livre, *Vies de Haydn, Mozart et Métastase,* est enfin publié, et il reprend son *Histoire de la peinture en Italie,* dont il avait égaré le premier manuscrit en Russie. Le fonctionnaire en vacation se mue en écrivain et les affaires de France ne semblent plus le concerner : au terme des Cent Jours, alors même que la bataille de Waterloo est livrée, il visite Venise !

Désormais, sa vie se partage entre la France et l'Italie, Milan demeurant chère à son cœur. Il s'y lie d'amitié avec Lord Byron. Ensemble, ils visitent la ville. Tout en lui faisant croire qu'il a été un proche de Napoléon, Stendhal lui raconte ses conversations avec l'empereur. Est-ce sous l'influence britannique qu'il commet, au mois d'août 1817, sa seule infidélité à la péninsule ? Il part visiter Londres - à trois reprises - mais aussi Salzbourg, berceau du divin Mozart.

Les allers-retours s'enchaînent sans se ressembler. On le voit tour à tour à Paris, Milan, Grenoble où il se rend pour les obsèques de son père, en 1821, l'année où il est chassé de Milan par l'occupant autrichien, qui l'accuse à tort d'être carbonariste. Mais l'autocratie viennoise de l'époque confond souvent franc-maçonnerie et carbonarisme, ce qui n'est pas la même chose.

Cet ostracisme lui coûte, neuf ans plus tard, son poste de consul de France à Trieste. Serait-il demeuré à Milan jusqu'à la fin de ses jours sans cet ordre ? Ce n'est pas impossible. Il continue de sillonner l'Italie, et particulièrement Rome tout près de son poste de Civitavecchia.
Ainsi, tout au long de sa vie, l'Italie offre à Stendhal, ainsi qu'à nombre de ses contemporains une sorte d'immense musée à ciel ouvert, prodiguant à l'infini ses édifices et ses monuments, ses sculptures et ses peintures, qui inspireront à l'écrivain des pages admirables, révélant son talent d'historien d'art et de critique pénétrant. Son *Histoire de la peinture en Italie*, ses *Promenades dans Rome* et ses *Mémoires d'un Touriste* en témoignent avec éloquence. Enfin, la musique en général, et plus particulièrement l'opéra, ne constitue pas la moindre des passions de cet esthète absolu qui, presque seul et bien avant tout le monde, comprend et loue le génie de Léonard de Vinci.
Voyageur inspiré avant tout, le regard sans cesse en éveil, les sens en alerte, le voilà qui pousse aussi jusqu'à Barcelone, une destination peu commune en son temps. Stendhal n'a pas son pareil pour voir, sentir, écouter battre le cœur du monde qu'il découvre. Le plaisir qu'il en conçoit guide les autres aussi, tant il aime faire découvrir *in situ* les lieux, les décrire dans des lettres, en infatigable épistolier jusqu'à la fin de ses jours. Merveilleux cicérone, incomparable raconteur, précieux conseiller, autant de talents que lui découvrent George Sand et Alfred de Musset, les deux amants en partance pour l'Italie avec lesquels il navigue de Lyon à Marseille, en 1833. Ce dernier réalise d'ailleurs une jolie caricature de l'auteur du *Rouge et le Noir*, un brin éméché après une fête, effectuant la danse de l'ours.
Avec Stendhal, le Grand Tour romantique franchit un cap : il annonce en précurseur ce que sera le tourisme qu'il sent poindre, de même que son contemporain Balzac pressent l'importance de la presse. Tous deux ne sont pas des esthètes égarés, mais bel et bien des visionnaires, en particulier le Grenoblois « à la fureur de locomotion ». Toute sa vie, au fond, est une quête en perpétuel mouvement, à l'image de son âme, toujours à la recherche d'un idéal, surtout lorsqu'il se trouve incarné par les yeux, la voix, les courbes d'une femme, ou mieux de toutes les femmes qui ont peuplé sa vie, comme autant de promesses de bonheur, d'ivresse de beauté, d'enivrement des sens.

# L'amour de la *pasta*

Le goût de Stendhal pour les pâtes : *maccheroni, ravioli, tagliatelle*, cette dénomination variée existe déjà au XIV^e siècle, tandis que *spaghetti, vermicelli, fettucine, penne, papardelle, fusilli* et d'autres encore, constituent une litanie coruscante et tintinnabulante pour dire la même chose. C'est un peu comme la série des bons petits diables de Dante et Virgile : « *Alichino, Calcabrina, Cagnazzo, Barbariccia, Libicoco, Draghinazzo, Farfarello, Rubicante.* » L'enfer est pavé de bonnes intentions, car c'est à Ciacco, le gourmand, qu'il revient de prophétiser le destin de Florence !

Ce sont les reines Médicis, dit-on communément, qui ont apporté en France, le melon, les haricots et le jambon de Parme, la *pasta asciutta* et aussi leurs amants, parmi lesquels Marc-Annibal de Coconnas. L'illustre Nignon, célèbre cuisinier, nous dit que c'est au milieu du XVIII^e siècle qu'apparaît la profession de vermicellier, premier métier du père Goriot. La Révolution française accomplit le triomphe des pâtes, et Nignon d'ajouter avec emphase : « Les pâtes sont contemporaines de la Déclaration des droits de l'Homme. C'est la seule institution démocratique et républicaine de nature gastronomique. » (*Les Plaisirs de la table*). Est-ce la raison du goût de Stendhal pour les pâtes ? Napoléon avait un faible pour le *maccheroni all'Italiana ;* la timbale de macaronis est l'une des rares concessions de la table bourgeoise française du XIX^e siècle à la cuisine italienne. La coutume associe l'amour de la *pasta asciutta* et celui de l'opéra, non point tant par dérision que pour les beaux souvenirs de soupers en plein air. Car la cuisine italienne est définitivement baroque, comme *Norma* ou *Lucia di Lammermoor.* À Florence, seul le style domine la cuisine, bien qu'elle n'ait plus grand-chose à voir avec celle de la première Renaissance.

La cuisine ne prend forme, à Florence, qu'au XVI^e siècle et les ingrédients essentiels et originaux viennent du Nouveau Monde. Les sauces italiennes sont juxtaposées – aromatiques ou condimentaires – comme la *salsa verde, l'agro-dolce, le pesto*.

Elles accompagnent la *pasta asciutta*, aux herbes, aux noix, au fromage... *Maccheroni, tagliatelle, ravioli,* c'est déjà vers 1300, la nourriture du petit peuple de Boccace. Qu'est-ce que les pâtes ? Un chef-d'œuvre culinaire fait de farine et d'eau, au goût neutre, associé à l'ingéniosité d'un monde de formes et de saveurs ajoutées. Avec Rossini, dont c'était le plat préféré, se pose l'insondable mystère de l'origine des macaronis, et des pâtes en général. Macaroni viendrait de Maccus, un bouffon balourd et intrigant, comique masqué de la farce atellane, qui divertissait le peuple de la Rome républicaine ; une sorte de cousin des petits diables de *La Divine Comédie*. Ce mot apparaît dans la langue française lors de la traduction du *Platine en François* de Bartolomeo Sacchi.

Furetière, à la suite de Ménage, le fait dériver du grec *makar* : heureux, satisfait. Soit un plat particulièrement bienfaisant pour ces Grecs venus créer une ville nouvelle – Néapolis (Naples) – et qui adoptent l'usage de faire sécher au soleil une pâte de farine, d'œufs et d'eau, puis de cuisiner cette préparation égouttée (*asciutta*) avec quelque relevé sapide et condimentaire, qui ne pouvait qu'apporter la félicité : *makaria !*

Mais voilà que selon d'autres auteurs la véritable antiquité des pâtes serait à retrouver dans un usage magyar commun aux Turcs, du Caucase à la Mongolie, de la Perse aux Balkans. Les *kolduny*, ancêtres tartares du *ravioli,* précise Ali-Bab, sont des cachets de pâte, farcis de viande hachée. Aujourd'hui encore, les Hongrois sont friands de *tészta* (pâtes) aux multiples variations : *nockdli, galuska, slumpùc*. Alors, qu'en est-il de l'angoissante question de savoir qui a inventé les pâtes, Chinois ou Italiens ?

Le doute vient du *Livre des merveilles* (1298) : Marco Polo dit tout simplement avoir mangé chez le grand Khan des lasagnes – *lagana* aurait dit Cicéron – « come noi facciamo con la farina di frumento » *(comme nous faisons avec la farine de froment).* Un propos qui accréditerait, comme pour la soie, l'existence d'une antique route des pâtes, un arc de culture matérielle joignant par un usage culinaire la Mongolie aux plaines de l'Europe centrale ? Et même au-delà puisque la Corée revendique aussi la création des pâtes alimentaires et le privilège d'avoir appris aux Japonais la confection des nouilles *soba*.

Les historiens ne croient ni à l'origine chinoise des pâtes, ni même à un modèle italien. Pour Jean-Louis Flandrin et Massimo Montanari la question est tranchée : « Il n'existe pas d'identité *pure* des pâtes, apparues au contact des Arabes. » L'Afrique du Nord, il est vrai, était déjà le grenier à blé de l'Empire romain.

On connaît cependant l'amour excessif du divin Rossini, dont Paris fait le triomphe, pour ses *canelloni* farcis de moelle de bœuf, de foie gras et lardés de truffes. Un péché tel qu'il aurait dû rejoindre en enfer Ciacco, le gourmand florentin, sans la divine rédemption de la musique. Sur la table d'Italie où s'amoncellent pâtes, ail, huile d'olive et tomates, il convient de ne pas oublier le porc qui a permis aux Italiens de passer maîtres dans l'art de la charcuterie. Salami, mortadelle, jambon de Parme et de San Daniele connaissent une grande renommée au XIXe siècle. Déjà, les Latins aiment la tétine et la vulve de truie, consomment aussi le jambon en salaison, et le jambon cuit à la façon d'Apicius, en croûte, aromatisé de laurier et de miel, avec des figues.

C'est sur le conseil de Platina, auteur de *Honesta Voluptate*, que l'on sert en Italie, depuis la Renaissance, le jambon en début de repas, avec les figues ou le melon. Verdi n'aimait pas le melon, il se contentait du jambon !

La *via* Emilia, de Rimini à Plaisance, a été, et reste, la « route du cochon ». La mortadelle est l'emblème de Bologne la Grasse. À Modène on célèbre le pied farci – *zampone*. À Felino, c'est le salami. Plaisance conserve la tradition de la *coppa*. Et Parme a son jambon. Au nord-est, tout au bout de la *via* Postumia, le Frioul s'honore d'une tradition tout aussi ancienne, à San Daniele del Friuli. Territoires celtes, le Frioul, comme la plaine du Pô, ont été habités dès le second millénaire avant J.-C., par des peuplades sédentaires qui ont développé l'élevage et l'agriculture avant même l'arrivée des Latins. Ils ont pratiqué la salaison à l'instar de leurs congénères de Gergovie, bien avant que César ne les soumette à la dure loi de Rome. Au temps des légions romaines, *salarium* désigne la ration de sel, puis l'indemnité donnée au soldat pour l'acheter, le salaire.

La table d'Italie a toujours signifié le bonheur pour le Stendhal de *La Chartreuse de Parme*. Depuis, les Français ont tous une Italie au cœur. La cuisine de la région de Parme, dans sa variété provinciale, est – souvenir des liens avec la France – une cuisine riche, au beurre et parmesan (*parmigiano reggiano*) qui requiert comme le jambon, des produits sélectionnés et la patience du fromager. Le lait de la vache est employé à la fabrication du fromage, mais le petit-lait est la première nourriture du porc. Image d'une chaîne alimentaire dans laquelle, pour une fois, l'industrie a pris place avec sagesse, en « laissant aux choses le goût de ce qu'elles sont. »

Stendhal n'ignore pas que les Romains vont prendre le frais, l'été, sur les hauteurs des *Castelli Romani* (châteaux romains), construits parfois avant la Renaissance, sur les collines à une vingtaine de kilomètres au sud-est de Rome par les grandes familles qui se disputaient le siège pontifical, les Ruspoli à Nemi, Aldobrandini à Frascati et les Chigi à Ariccia. Cette région pittoresque qui appartient au *Lazio* (Latium) est jalonnée par une chaîne de volcans éteints qui constitue aujourd'hui un parc naturel et historique captivant, avec ses lacs de cratère (lacs d'Albano, de Nemi, appelé aussi Miroir de Diane), ses forêts et ses maquis, son vignoble historique et ses villages médiévaux dont les plus réputés sont Frascati, Grottaferrata, Marino, Albano et Castel Gandolfo, résidence d'été des papes. Cicéron et Lucullus y venaient, le premier pour alimenter ses réflexions, le second pour digérer ses agapes. L'un et l'autre y appréciaient sans doute déjà, le vin blanc du pays – le *frascati* – avec une tranche de *porchetta*, spécialité d'Ariccia. C'est un cochon de lait, désossé, farci, puissamment aromatisé avec de l'ail et du laurier, reconstitué puis rôti : entrée froide de haute tradition dans le *Lazio*, mais dont les Sardes revendiquent l'origine. Quand au vin des Castelli, le poète latin Horace prétendait qu'il avait réussi à dérider Caton le Censeur, natif il est vrai de Tusculum, l'actuelle Frascati, tandis que Juvénal, habitant de Tivoli, prétendait que les aubergistes gardaient les vins de la région pour eux, ne servant aux voyageurs « qu'un vin imbuvable qui aurait dû être utilisé pour dégraisser la laine ».

« Les gens du pays ne sont pas à beaucoup près aussi carnassiers que nous » observait Montaigne lors de son voyage en Italie, et pourtant, le *bollito misto*, dans ses variantes piémontaises, lombardes ou turinoises, appartient, comme le pot-au-feu, au patrimoine culinaire européen, auquel les nuances locales apportent leur lot de fantaisie. À Turin, on fait pocher la viande de veau que l'on sert avec des sauces froides, verte, jaune ou rouge. Ailleurs la viande de bœuf domine, avec le *cotechino* (saucisson de porc à cuire), un morceau de jarret et une volaille dont les accompagnements obligés sont la sauce verte (*salsa verde*) et la moutarde de Crémone, un condiment composé de cerises, poires, oranges, abricots, figues, prunes, melons et courges confits au sirop de sucre et parfumées des baies du moutardier. Le juste équilibre entre les saveurs sucrées et vinaigrées qui est un souvenir de la cuisine romaine antique, apporte une touche particulière, alors qu'en France l'on associe au pot-au-feu l'acidité des cornichons au vinaigre. L'aigre-doux est une constante historique de la cuisine italienne. Stendhal qui a pu observer et goûter ces diverses préparations, ne s'est pas exprimé sur leurs nuances, laissant à ses lecteurs le soin de les imaginer.

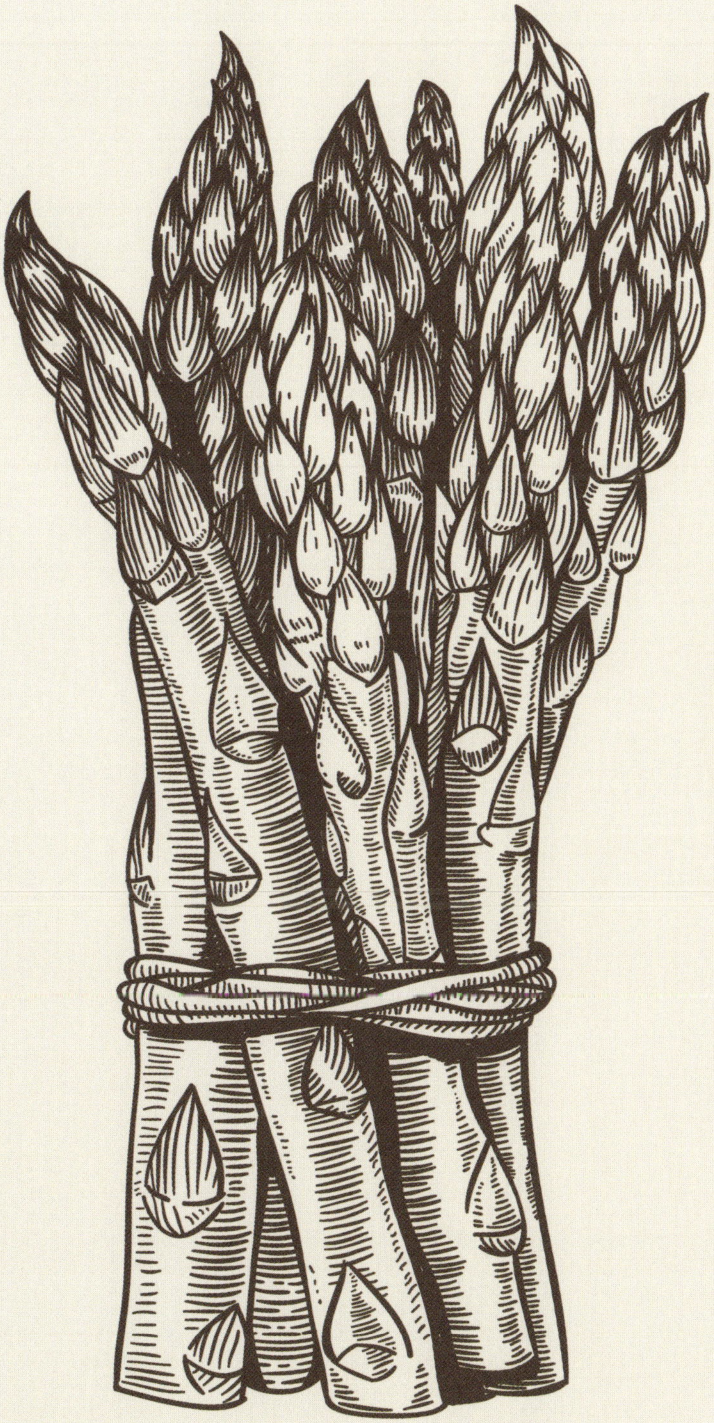

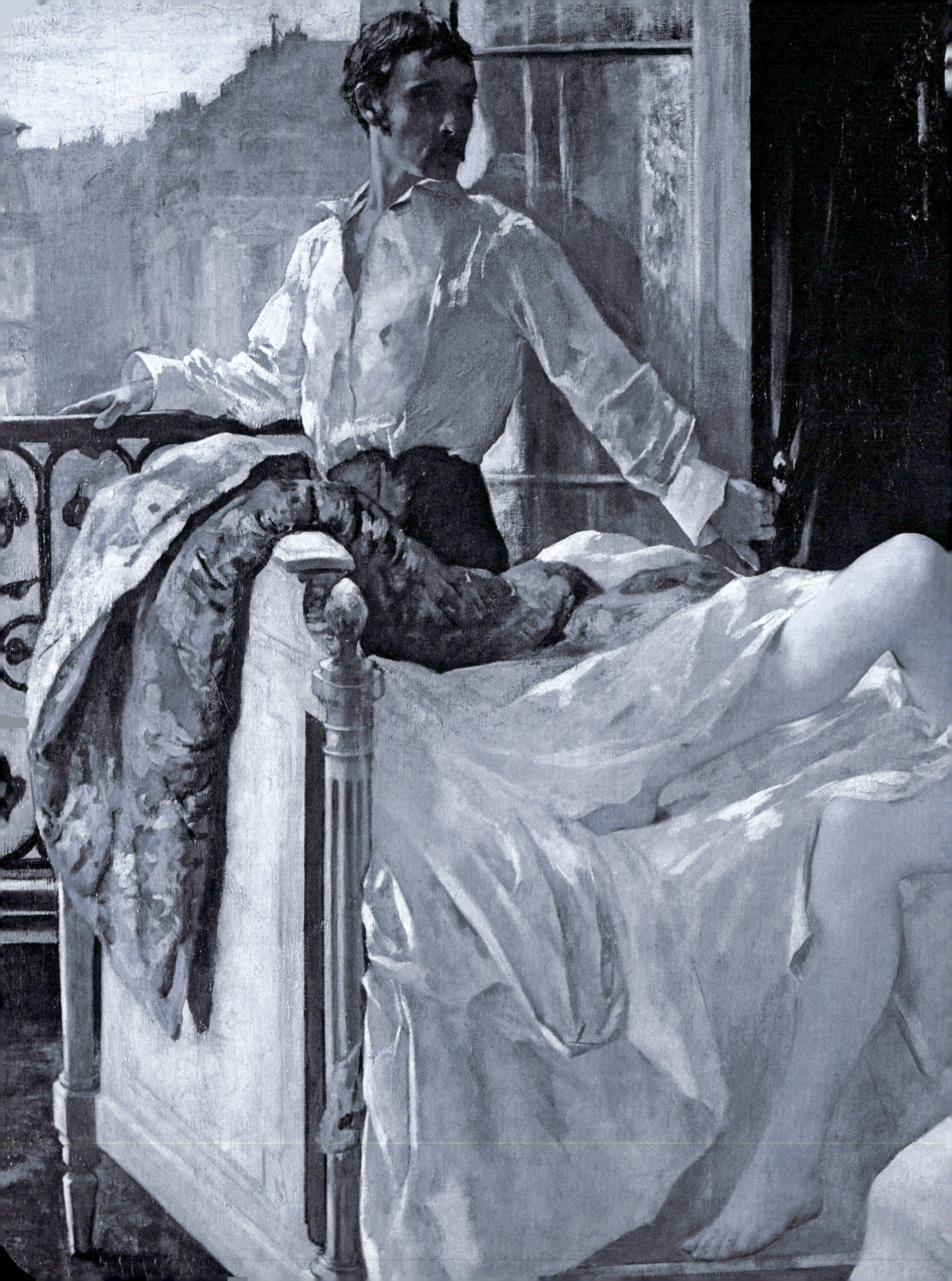

# Les femmes ou le sens d'une vie

*« Ce qu'il y a de divin dans l'amour, c'est que même au sein de la jouissance, on espère encore. »*

Stendhal

Dès son arrivée à Paris, Henri Beyle consigne dans son journal que son souhait le plus vif est d'être « un séducteur de femmes » et, à l'occasion, d'écrire des comédies. Les comédies attendront, les femmes non. C'est en Italie, en 1800, qu'il perd son pucelage : « J'ai oublié de dire que je rapportais mon innocence de Paris, ce n'était qu'à Milan que je devais me délivrer de ce trésor. Ce qu'il y a de drôle, c'est que je ne me souviens pas distinctement avec qui. » Avec qui ? Sans doute une prostituée milanaise qui, dans le même temps, lui transmettra une syphilis – le « coup de pied de Vénus » plus poétiquement énoncé – qui l'affectera jusqu'à la fin de ses jours.
La chasse permanente au beau sexe commence, comme il le relate en termes choyés à sa sœur Pauline : « Une chose à laquelle j'étais loin de m'attendre, c'est la charmante amabilité des femmes de ce pays. » Mais, comme souvent, il ne possède pas la première femme dont il tombe fou amoureux. Ou tout au moins pas tout de suite. Angela Pietragrua est milanaise. « C'est un peu ce qu'on nomme un coup de foudre. Un instant vous révèle ce dont votre cœur avait besoin depuis longtemps sans se l'être avoué à soi-même. » Encore qu'il aime aussi à dire : « Des coups de foudre. Il faudrait changer ce mot ridicule *(quoique)* cependant la chose existe. »

Il est tétanisé par le charme incomparable et les appâts de cet idéal féminin, cette *ragazza* absolue qui lui inspirera le personnage de Gina Sanseverina dans *La Chartreuse de Parme.* Elle résiste, justifiant ainsi cette lumineuse formule : « La beauté n'est que la promesse du bonheur. » Il attendra presque dix ans pour lui confier son amour, lors de son séjour à Milan en 1811, l'été où elle l'accepte dans son lit. Il inscrira cette date mémorable… sur ses bretelles.
Est-elle la femme de sa vie ? Il le croit longtemps, avant, comme toujours, de changer d'avis. Ne croit-il pas que « ce qu'il y a de plus étonnant dans la passion de l'amour, c'est le premier pas, c'est l'extravagance du changement qui s'opère dans la tête d'un homme » ? Au fond, ne se dit-il pas que « les femmes sont toutes comme des romans, intéressantes jusqu'au dénouement et, deux jours après, on s'étonne d'avoir pu être intéressé par des choses si communes » ?
Qui donc alors est sa première maîtresse officielle ? Probablement à Paris sa cousine Madeleine Rebuffel, à défaut de la jolie Victorine Mounier, sœur d'un de ses amis, dont il tombe également amoureux, sans retour. Ce véritable cœur d'artichaut s'éprend ensuite de Mélanie Guilbert, dite Louason, une jeune comédienne qui consent à un simple flirt, mais refuse d'aller plus loin, de compromettre sa carrière en tombant enceinte. Il est si amoureux d'elle qu'il n'a « pas l'esprit d'avoir de l'esprit », même s'il souffre de ne pas la posséder. Le 29 juillet 1805, à Marseille où il la rejoint pour un séjour, elle succombe cependant à ses avances, ce dont il témoignera : « J'eus le plaisir délicieux de voir ma maîtresse, supérieurement bien faite, se baigner – *nue ?* – dans l'Huveaune couronnée

de grands arbres. » Mais bientôt, bien vite, l'inconstant se lasse d'elle, la trouve sotte, « tyrannique et geignarde ».

Wilhelmine de Griesheim, dite Mina, « la blonde et gentille Minette, cette âme du Nord telle que je n'en ai jamais vu ni en France ni en Italie » la remplace dans son cœur. Depuis son arrivée à Brunswick, il courtise avec assiduité cette fille de général, pourtant déjà promise, mais qui ne paraît pas insensible au charme français, bien qu'elle l'affuble d'un surnom peu engageant, *Der schwarze Franzose,* Le Français noir, en raison de sa chevelure. Le départ de sa famille interrompt cette idylle naissante, qui servira de modèle à Mme de Chasteller dans *Lucien Leuwen,* et de prénom à l'héroïne du *Rose et le Vert,* Mina de Vanghel. Jusqu'où sont-ils allés ? Nul ne saurait affirmer quoi que ce soit, mais à cette même époque, on lui connaît plusieurs liaisons, avec la fille de son logeur, la très libérée Charlotte Knabelhuber ou la veuve éplorée d'un de ses collègues, mort au front, Livia Bialoviska.

Ah, Beyle et les femmes ! Duchesses ou servantes, peu importe, pourvu qu'elles ne soient pas rebutées par sa carapace narquoise, ironique, voire cynique et qu'elles sachent faire vibrer la corde de ses émotions. Le voici dans une auberge, près de Stuttgart : « J'entre ; trois jolies filles, dont l'une ne l'était pas trop, la seconde pas du tout à cause de la petite vérole, mais faite comme un ange, si cependant les anges ont de gros culs... » Ses passions successives lui vaudront des rechutes vénériennes qui l'obligent à garder la chambre plus que de raison. Mais où qu'il se trouve, il ne peut jamais résister à *l'odor di femmina,* dès qu'un jupon le frôle. Dit-il vrai, lorsqu'à Vienne, il s'accorde deux maîtresses – « l'une que j'enfile, l'autre que j'adore » – ou ne doit-on y voir que l'aveu d'un fantasme ?

La première, Babet, est connue. Mais qui est l'autre ? Tout simplement sa cousine par alliance, la propre femme de son patron, Alexandrine, comtesse Daru, fort belle femme dont le grand David a immortalisé les traits. Cette dame respectable, mère de quatre enfants, lui a-t-elle donné des signes d'encouragement ? Ou l'imagination de Beyle s'est-elle enflammée devant la considération que les femmes mûres accordent parfois aux jeunes hommes ? Cette femme honnête ne répond en effet pas à ses avances, peut-être ne les a-t-elle d'ailleurs pas décelées ? Comme il l'avoue lui-même, il ne sait pas « prendre ce ton galant qui permet de tout hasarder, parce que rien n'a l'air d'être dit sérieusement ». Quelques mois plus tard, lors d'un séjour au château de Becheville, en Ile-de-France, propriété des Daru, il lui avoue enfin sa flamme mais, en digne épouse vertueuse, elle le repousse, le priant de ne voir en elle que « la cousine ».

Changement de lieu, changement d'égérie, à chaque nouveau paysage sa nouvelle conquête, à moins qu'il ne poursuive un seul et même idéal au gré de ses périples. « Un amant voit la femme qu'il aime dans la ligne d'horizon de tous les paysages qu'il rencontre, et faisant cent lieues pour aller l'entrevoir un instant, chaque arbre, chaque rocher lui parle d'elle d'une manière différente, et lui apprend quelque chose de nouveau. » À Paris, en 1810, l'auditeur au Conseil d'État entame une intense liaison, plus charnelle que sentimentale, avec la chanteuse Angelina Bereyter, spécialiste des seconds rôles de l'opéra italien. Elle lui procure un incontestable « bonheur physique » et esthétique, puisqu'il n'aime rien tant que l'entendre chanter pour lui. Elle est la seule pour qui il ait accepté de se mettre en ménage. Mais, au bout de quelques mois, il profite d'un voyage en Italie pour la quitter. À Rome, la duchesse Lante a sept amants, et il brigue avec audace une huitième place... En vain.

Il renoue alors avec Angela Pietragrua – ses revirements amoureux ne sont pas toujours faciles à suivre ! – faisant fi de la jalousie du mari, ou des autres amants. La liaison sera émaillée de scènes dignes de Boccace, *alla comedia dell'Angela* : sur les coups de minuit, une femme de chambre complice l'introduit secrètement dans une chambre sous-louée auprès de sa belle pour une nuit torride, minutieusement relatée dans son *Journal* : « Ses yeux étaient brillants, sa figure demi-éclairée était terrible de beauté surnaturelle. » La rupture, à l'initiative de Beyle, attend 1815, quatre ans plus tard, au nom de la lassitude.

Mais à peine revient-il en Italie, l'année suivante, qu'il s'éprend, à Bologne, de la *signora* Gherardi, dite La Ghita. Peu de choses circulent sur elle, hormis sa beauté et son esprit éblouissants. Il l'entraîne dans un périple romantique à Salzbourg, ensemble ils visitent les mines de sel avec un petit groupe d'hommes sous le charme. « Il y a des moments de bonheur divin, et tels que, peut-être, rien au monde ne peut leur être comparé », écrit-il plus tard en souvenir de cette époque bénie. Sa subtile théorie de la cristallisation amoureuse prend vraiment forme aux côtés de La Ghita :

« Aux mines de sel de Salzbourg, on jette dans les profondeurs abandonnées de la mine, un rameau d'arbre effeuillé par l'hiver ; deux ou trois mois après, on le retire couvert de cristallisations brillantes ; les plus petites branches, celles qui ne sont pas plus grosses que la patte d'une mésange, sont garnies d'une infinité de diamants mobiles et éblouissants ; on ne peut plus reconnaître le rameau primitif. Ce que j'appelle cristallisation, c'est l'opération de l'esprit qui tire de tout ce qui se présente la découverte que l'objet aimé a de nouvelles perfections... »

Ainsi en est-il de l'amour, idéal d'une vie, ce qui n'interdit pas à cet inventeur d'une des plus belles théories amoureuses des constats plus triviaux : « Les femmes, on les flatte à vingt ans, on les abandonne à quarante. » Ou encore : « Les femmes extrêmement belles étonnent moins le second jour. » D'autres le font souffrir, comme Métilde Dembrowski, rencontrée à l'occasion d'un périple italien, grâce à Giuseppe Vismara. Elle lui inspire une vive passion, qu'il exprime très maladroitement. Ne va-t-il pas la suivre incognito, en 1819, alors qu'elle rejoint ses enfants à Volterra ?

Cette femme, qui jamais ne s'est donnée à lui, est sans doute le grand amour de sa vie, celle qui incarne très certainement la théorie de la cristallisation amoureuse, dont il observe et analyse le mécanisme sur ses propres sentiments. Cette histoire le perturbe au point qu'il connaît une période de défaillance sexuelle – d'abord avec une prostituée d'Alexandrie – qu'il vaincra des mois plus tard, dans les bras d'une Anglaise, lors d'un séjour à Londres.

Mais voici que point une nouvelle liaison, tout aussi haute en couleurs que les précédentes, avec Clémentine Curial, fille de la comtesse Beugnot, dont il avait déjà été épris naguère. Après une longue cour qu'il croit désespérée, elle se donne à lui en 1826 et va même jusqu'à le cacher dans la cave de son château, le nourrissant et vidant elle-même... son pot de chambre ! Lui succède la très belle Alberte de Rubempré, cousine de Delacroix, qu'il surnomme madame Azur, car elle habite rue Bleue. C'est une liaison torride mais courte, qu'elle rompt elle-même, pour devenir la maîtresse de Mareste, l'un des proches amis de Beyle. Il se remet de cet échec dans les bras d'une jeune Italienne, Giulia Rinieri, qui l'a elle-même séduit par ces mots : « Je sais bien, et depuis longtemps, que tu es laid et vieux, mais je t'aime. » De son balcon, en juillet, il assiste en direct à la Révolution de 1830, qui met fin au règne de Charles X. Mais cette fois-ci, ce n'est pas une passade, il est réellement épris et la demande en mariage à son oncle, son tuteur, puisqu'elle a perdu ses parents. Malgré son refus, la liaison va durer, émaillée de quelques coups de canif, en 1840 notamment lorsqu'il succombe à une jeune Romaine, qu'il surnomme Earline, dans laquelle les stendhaliens voient la comtesse Cini, une de ses fidèles lectrices.

Moins nombreuses peut-être que celles que Leporello dans « L'Air du catalogue » du *Don Giovanni*, les femmes que Stendhal a aimées, un peu, beaucoup, ou pas du tout forment une longue liste. A-t-il pour autant trouvé le bonheur ? Certainement pas, l'idéal reste et doit rester inaccessible. Malgré quelques correspondances salaces, il a toujours évoqué ses propres sentiments avec pudeur, car, comme le dit son double Henry Brulard : « On gâte des sentiments si tendres à les raconter en détail. » Il a cependant entrepris de codifier le sentiment amoureux, dénombrant quatre amours différents :

« – L'amour physique, celui des bêtes, des sauvages et des Européens abrutis.

– L'amour-passion, celui d'Héloïse pour Abailard *(sic)* et de Julie d'Étanges pour Saint-Preux.

– L'amour-goût qui, pendant le XVIII^e^ siècle, a amusé les Français et que Marivaux, Crébillon, Duclos, Mme d'Épinay ont esquissé avec tant de grâce.

– L'amour de vanité, celui qui faisait dire à votre duchesse de Chaulnes, au moment d'épouser M. de Giac : " *Une duchesse n'a jamais que trente ans pour un bourgeois...* " ».

Stendhal est resté seul, figure emblématique du célibataire romantique, convaincu peut-être que le mariage d'amour est, par nature, impossible : « Tout amour finit, quelque violent qu'il ait été, et le plus violent plus promptement que les autres. Après l'amour vient le dégoût : rien de plus naturel ; alors on se fuit pour quelque temps. Voilà qui va bien, mais si l'on est marié, on est obligé d'être ensemble, on est surpris de ne plus trouver que l'ennui dans mille petites choses qui faisaient le bonheur. » Mais un jour les amours s'éteignent aussi. L'écrivain prématurément vieilli, grossi, bouffi et fatigué finit sa vie seul, ou presque.

Soit. Mais l'âge venu – celui, justement, où Balzac épouse sa chère Évelyne Hanska – il se retrouve bien seul et « triste de n'avoir rien à aimer. » Deux chiens comblent le vide affectif de cet éternel célibataire, pris à son propre piège, et que Mérimée n'a cependant « jamais vu autrement qu'amoureux ou croyant l'être. » Dans son essai *De l'amour*, il fera l'aveu sans doute le plus authentique de toute sa vie : « L'amour a toujours été pour moi la plus grande des affaires ou plutôt la seule. » Mais est-ce le même homme qui dit dans le même temps que « l'amour est une prison » ? Le génie de Stendhal, comme tant d'écrivains, réside aussi dans ses contradictions !

Contrairement à nombre de ses contemporains, des écrivains surtout – Flaubert, Maupassant, les Goncourt, Baudelaire et tant d'autres – Stendhal n'est en rien misogyne. Pour lui, la femme est l'égale de l'homme, quand elle ne le surpasse pas. Ce vieux garçon solitaire et grognon, qui lâche quelques outrageantes plaisanteries sur le beau sexe dans les dîners d'hommes est donc très en avance sur son temps : « L'admission des femmes à l'égalité parfaite serait la marque la plus sûre de la civilisation, et elle doublerait les forces intellectuelles du genre humain. »

# Le goût du goût : Stendahl et ses contemporains

Le goût et sa passion : ce goût du goût, il le partage avec Brillat-Savarin, Grimod de la Reynière, Joseph Berchoux, Charles Fourier.

Dans son exaltation de tous les sens, le XVIIIe siècle n'a eu garde d'oublier le goût, à coté de la vue, de l'ouïe, du toucher, de l'odorat. Condillac lui réserve une place dans son *Traité des sensations*. C'est un livre de chevet de Stendhal que lui a fait connaître Destutt de Tracy, idéologue bien en cour. La peinture, les célèbres toiles de Jouy, lui font une place à coté des autres sens. Le raffinement général entraîne aussi un développement du discours sur la « gastronomie » – mot créé en 1801 par Joseph Berchoux – qui est un code de bonne vertu, plus qu'un recueil de recettes. Le magistrat à la vie aventureuse Brillat-Savarin (1755-1826) est resté célèbre pour sa *Physiologie du goût* (1825). Le gourmand à la mode, mais plus difficile à cerner, est Grimod de la Reynière (1758-1837) auteur de l'*Almanach des gourmands* (1803-1812). Charles Fourier, théoricien de la gastrosophie, a sa place dans cette galerie de portraits des auteurs gourmands, contemporains de Stendhal. Leurs œuvres sont esquissées dans les dernières années de l'Ancien Régime, héritage de son épicurisme, mais aussi de sa réflexion philosophique et médicale sur le corps humain, ou « Comment se bien tenir à table, selon l'ordre de la Nature. » Jean-Jacques Rousseau n'est pas loin. À table, comme ailleurs, le héros stendhalien est un héros de la Révolution, en qui se cristallisent les qualités humaines, la qualité humaine tout court. C'est le projet de Julien Sorel, contre l'ordre établi, le combat et l'énergie des sentiments.

Les doctes stendhaliens se sont interrogés sur le lien possible entre les épinards et la prose du célèbre duc de Saint-Simon, féru de préséance et de chaises et tabourets pour dompter cette noblesse versaillaise belliqueuse et rétive, et que les temps révolutionnaires tasseront, raccourcis dans quelque cimetière de l'est parisien, à Picpus. Délaissant la bataille des Grands pour la conquête du premier tabouret aux pieds du tyran magnifique Louis XIV, on peut la comparer à la querelle éternelle des chefs et queux, toujours en quête de gloire, comme autant de Don Quichotte chapeautés de blanc, s'escrimant devant un feu d'enfer, celui des cuisines d'antan où s'agite une brigade d'exécutants. Lecteur assidu de Saint-Simon, Stendhal n'ignorait pas que tout avait commencé en musique, au mariage manqué de la Grande Mademoiselle avec M. de Lauzun. Le jeune Lully hantait alors les cuisines, emmené d'Italie dans les bagages de M. de Guise. Rude table que celle de Lauzun : « Il dînait et soupait à fond tous les jours, faisait très grande chère et très délicate, toujours avec bonne compagnie, soir et matin », note Saint-Simon. On remarque Lully pour son talent à divertir le personnel de bouche avec son petit violon. Mademoiselle – Anne-Marie, duchesse de Montpensier – fait donner des leçons de musique à ce gâte-sauce mélomane. Lully change promptement de brigade, il passe aux violons du roi. À vingt-huit ans, il est surintendant de la musique royale. Toute la cour chante les airs d'Atys. Qui aurait pensé qu'un fils de meunier arrive par les cuisines au faîte de la gloire que dispense Euterpe, muse de la musique ?

D'où ce propos de Carême, un siècle plus tard : « Les beaux-arts sont au nombre de cinq, à savoir la peinture, la sculpture, la poésie, la musique et l'architecture, laquelle a pour branche principale la pâtisserie. » Plus encore que Lully, Carême a lutté et gagné le droit pour un cuisinier d'être reconnu comme créateur. Ce n'est pas nouveau ! Dans l'Antiquité, l'on parlait de Mirhèce de Syracuse comme d'un « Phidias de la cuisine », ce qui n'empêcha pas Cicéron de relever que «cuisinier» et «coquin» avaient une étymologie commune. À la différence de Carême, pâtissier cherchant à pérenniser son art dans l'architecture, Rossini s'emploie, entre *La Pie voleuse* et *Le Barbier de Séville*, à améliorer le macaroni ! « Il faut tout le génie de Rossini, *écrit un contemporain,* pour composer un macaroni parfait. Et si l'on savait quelle active surveillance, quels soins minutieux exige ce mets délicieux, on renoncerait à des contrefaçons déplorables qui déshonorent la cuisine française. » Et le commentateur de conclure : « Sans doute, ce n'est pas parce qu'il épousa sa cuisinière qu'il doit prendre place au panthéon des gastronomes. Rossini, amateur de mets délicats, cherchait à les préparer lui-même. » Ce trait a excité au plus haut point la verve de Balzac dans ses récits, tels *Gambara* et *Massimilla Doni*, où l'on ne sait plus à quel moment le cuisinier inventif le dispute au musicien créatif, pour une course effrénée à l'échange des arts – leurs correspondances, aurait-on dit à l'époque. La spatule et le coquemar sont les violons d'Ingres de ces amoureux délirants. Stendhal, dans sa *Vie de Rossini*, achevée en 1823, en profite pour régler ses comptes avec les Parisiens – « un public perruqué aux oreilles encotonnées » –, les musiciens français à la mode – il déteste Boieldieu – tandis qu'il célèbre Rossini au nom de l'idéal romantique.

On connaît le tournedos Rossini enrichi de foie gras et de lamelles de truffes mais aussi les œufs et la poularde Rossini, les saveurs du homard à la Verdi, la darne de saumon à la Auber, les œufs Meyerbeer et la pêche Melba, créée plus tard à Londres par Escoffier pour la célèbre cantatrice. Tous liens et sympathies qui attachent la cuisine et la musique, au point que le Docteur de Pomiane, gastronome de renom, tente bien plus tard, par une audacieuse théorie, de discerner quels liens existent entre Comus et Euterpe. « La fugue en gastronomie peut être comparée à un repas composé d'une viande garnie de légumes… Les deux excitations gustatives se chevauchent, se dépassent, se rattrapent… » Le bon Docteur de Pomiane, qui était d'origine polonaise, discerne également une cuisine « en majeur » et une cuisine « en mineur ».

On trouvera aujourd'hui l'évocation de ces théories trop subtiles, désuètes et naïves, pour nos gastronomes pressés. Mais c'est le début du terrorisme culinaire ! Le bâfreur apoplectique et atrabilaire est, de tout temps, la figure désagréable qui ne saurait que déparer toute bonne compagnie. Le bon usage de la cuisine requiert une société choisie : « On joue comme on aime. » C'est le jeu des correspondances heureuses. À propos du duc d'Orléans, amateur de soupers fins, Saint-Simon nous parle en ces termes de la musique à Versailles : « La musique était fort au-dessus de celle de l'opéra et de toutes les musiques de l'Europe... Tout y était plein, les travées de la tribune remplies de toutes les dames en déshabillé, mais sous les armes... M. le duc d'Orléans aimait extrêmement la musique. Il savait jusqu'à la composer... » Ne nous étonnons pas alors que, serviteur de Comus et philosophe, Brillat-Savarin, homme d'Ancien Régime, ai été musicien et qu'il ait tenu pendant son exil politique l'emploi de premier violon au Théâtre de New York, ville fort provinciale, à la fin du XVIIIe siècle. Il a même été l'auteur de quelques compositions musicales que l'on a trouvées, à sa mort, dans ses papiers, dissimulées avec un violon, derrière son lit. Étaient-elles de meilleure facture que ses recettes, critiquées par Édouard Nignon ?

# Brillat-Savarin, la science du gastronome

Jean Anthelme Brillat-Savarin (1755-1826), né à Belley dans l'Ain, est fils de Marc-Anthelme Brillat, procureur du roi, et cousin de madame Récamier. Il commence ses études à Grenoble, bien avant la naissance d'Henri Beyle. Philosophe, musicien et juriste, il est aussi député et maire de Belley. Sa fuite en Amérique pendant la Terreur lui sauve probablement la vie. Il est nommé en 1800 conseiller à la Cour de cassation. Son grand œuvre, *La Physiologie du goût*, paru sans nom d'auteur en 1825, est une suite de méditations gastronomiques, à la fois scientifiques et philosophiques. C'est à cette époque, probablement, que Stendhal l'a entre les mains (l'ouvrage est réédité en 1938, cette fois avec la signature de son auteur). Brillat-Savarin est proche des physiocrates que Stendhal n'aime guère. La principale activité productive, pour les physiocrates, est l'agriculture et pourtant Brillat-Savarin traite de la gastronomie comme d'une véritable science. « Dis-moi ce que tu manges et je te dirai ce que tu es », est un des plus fameux aphorismes de cet ouvrage publié deux mois avant sa mort survenue peu après Noël 1825, à 71 ans. « Je vais avoir un *dies irae* aux truffes », ont été ses derniers mots.

# Grimod de la Reynière, un hôte de marque

Les conversations de Stendhal avec Rachele, mère de la Diva Pasta, auraient pu tout aussi bien se dérouler dans le cénacle créé par Grimod de la Reynière ou bien au Caveau Moderne qui se réunissait à jours fixes, au Rocher de Cancale. Grimod est passé à la postérité pour ses repas somptueux, au cours desquels il régale ses amis dans son hôtel particulier des Champs-Elysées et pour son *Almanach des gourmands*, publié entre 1803 et 1812, avec lequel il crée un style de littérature savoureux. Ces textes, parus en huit fascicules, doivent dans l'esprit de leur auteur servir « de guide dans les moyens de faire grande chère, par un vieil amateur. »
Grimod de La Reynière est né à Paris, le 20 novembre 1758. À la fois doté d'une intelligence brillante et d'une grande noblesse de visage, il est affligé d'une cruelle infirmité. Il porte des gants pour cacher ses mains, malformées de naissance. Fils d'un riche fermier général, et neveu de Malesherbes, il se dit aussi petit-fils d'un charcutier, dont le rejeton s'est enrichi comme fournisseur de l'armée du maréchal de Soubise. Il s'y entend mieux en cuisine qu'à la guerre et se fait battre à Rossbach, mais laisse son nom à la sauce Soubise. Très jeune, Grimod de La Reynière s'improvise philosophe et devient avocat. En 1783, année de naissance d'Henri Beyle, avide de gloire littéraire, il convie ses amis – dont Restif de La Bretonne, Louis-Sébastien Mercier, Marie-Joseph Chénier – à un dîner pour son propre enterrement et apparaît au dessert, à la surprise générale. Il reçoit dans son hôtel particulier chaque mercredi, dix-sept convives invités à confronter leurs expériences gustatives afin de faire avancer le savoir culinaire. Éloigné de Paris pendant la Révolution, Grimod reprend ses dîners, le plus souvent au Rocher de Cancale, à partir de 1802, pour établir « la meilleure jurisprudence gourmande de l'Europe. » L'*Almanach* connaît un succès retentissant. Ouvrage alerte, le premier du genre, il contient des anecdotes, des digressions charmantes et d'excellentes recettes. Il s'agit pour Grimod de « légitimer » les produits des restaurateurs, traiteurs, marchands de comestibles, invités à présenter leurs ouvrages au jury qui se veut impartial et garantit l'anonymat des « artistes

en bonne chère. » La gaieté est pour lui inséparable des plaisirs de la table ; bons mots et calembours émaillent son récit. Son style n'a rien à voir avec celui des cuisiniers, grave et lapidaire. Il se targue, à juste titre, d'avoir inventé « ce genre d'écrire auquel on a donné le nom de littérature gourmande. » La métaphore ne manque pas : si le turbot est le « faisan de la mer », la sardine en est l'ortolan. Le gastronome se laisse parfois aller à des clichés saugrenus, dans l'air du temps : « La bartavelle est à la perdrix ce que les cardinaux sont aux évêques. » Le registre est parfois grivois, mais il emprunte aussi aux autres arts, au domaine pictural, à l'architecture, au théâtre et à l'opéra, une curiosité qu'il partage avec Stendhal. Ses rapports avec les cuisiniers sont souvent difficiles.

Le célèbre chef Antonin Carême, son contemporain, prétend que les cuisiniers « étant les seuls à posséder la technique et le langage propres de leur métier » sont seuls capables de faire progresser leur art, et l'affuble du sobriquet Grimaud, nom donné aux élèves les plus ignorants. *L'Almanach* publie aussi les points de vue de contradicteurs. Ainsi M. Gaze, marchand de comestibles, s'indigne dans une lettre adressée à Grimod de La Reynière le 9 octobre 1809, d'une « note infamante » publiée dans l'*Almanach* l'année précédente. Il le menace d'abord d'une action en réparation « qui pourrait le mener loin » puis se ravise : « J'ai réfléchi que votre livre et son auteur sont loin d'être les créateurs des réputations, soit en bien, soit en mal : peut-être même que le public [...] se forme une opinion toute contraire à celle que vous exprimez », écrit-il. Dans cette hypothèse, « loin d'avoir à me plaindre de vous, je vous devrais des remerciements » en vous offrant « une bonne dinde truffée, dont le parfum [...] vous inspirerait de dire dorénavant du bien de moi ». Pour la même raison, il conclut : « Je me retiens, car le bien que vous pourriez dire aurait l'inconvénient de me faire tort dans l'opinion publique. » L'humour est un trait permanent dans l'œuvre de Grimod de la Reynière. Treize à table ? Il réplique : « Ce nombre n'est à craindre qu'autant qu'il n'y aurait à manger que pour douze. »

Grimod est membre du Caveau Moderne dès la naissance de cette société chantante (créée en 1805) qui se réunit au Rocher de Cancale, rue Montorgueil. Le 20 de chaque mois un dîner musical y est organisé. Stendhal, familier de ce restaurant, rapporte dans *Lucien Leuwen*, un dialogue pittoresque entre ce dernier et son fils qui a pour cadre cet établissement :

« "Ainsi, tu ne veux pas deux cents louis ? dit M. Leuwen.

– Je tiens déjà de vos bontés bien plus qu'il ne me faut, etc., etc. Que serais-je sans vous ?

– Eh bien, que le diable t'emporte ! reprit M. Leuwen avec énergie. Est-ce que tu deviendrais saint-simonien, par hasard ? Comme tu vas être ennuyeux !"

L'émotion de Lucien, qui ne pouvait se taire, finit par amuser son père.

"J'exige, dit M. Leuwen en l'interrompant tout à coup, comme neuf heures sonnaient, que tu ailles de ce pas occuper ma loge à l'Opéra. Là, tu trouveras des demoiselles qui valent trois ou quatre cents fois mieux que toi ; car d'abord elles ne se sont pas donné la peine de naître, et, d'ailleurs, les jours où elles dansent elles gagnent quinze à vingt francs. J'exige que tu leur donnes à souper, en mon nom, comme mon député, entends-tu ? Tu les conduiras au Rocher de Cancale, où tu dépenseras au moins deux cents francs, sinon je te répudie ; je te déclare saint-simonien, et je te défends de me voir pendant six mois. Quel supplice pour un fils aussi tendre !" »

# Berchoux, poète et gastronome

Une autre figure majeure et méconnue de la gastronomie naissante est celle de Joseph Berchoux (1760-1838). Successivement avocat, magistrat et écrivain, il est l'auteur de satires et de poèmes didactiques en vers, un genre alors très à la mode. Mais son nom est surtout attaché à un poème en quatre chants intitulé : *Gastronomie ou l'homme des champs à table*. Littré dans son *Dictionnaire de la langue française* (1872) lui rend justice : « Berchoux a donné en 1801 un poème de la gastronomie, qui lui a fait une réputation méritée. » Il est juge de paix lorsqu'éclate la Révolution. Il s'enrôle afin d'échapper à la proscription après que la Convention, en instituant la Commission extraordinaire des Douze, a autorisé les jugements expéditifs, dont ceux décrétant la proscription des Girondins. Le calme revenu, il se consacre à la poésie et publie une épître contre les Anciens qui commence par une boutade fameuse : « Qui me délivrera des Grecs et des Romains ? » Considéré comme l'inventeur du mot gastronomie, il consacre la sociabilité comme un élément central des plaisirs de la table :

« Je chante l'homme à table et dirai la manière
D'embellir un repas d'un aimable banquet
D'y fixer l'amitié, de s'y plaire sans cesse
Et d'y déraisonner dans une douce ivresse.
Le gastronome est comparé à un maître d'école qui doit tout
Apprendre à des élèves particulièrement ignorants.
Vous qui jusqu'à ce jour étrangers à mes lois
Avez suivi vos goûts sans méthode et sans choix
Qui dans votre appétit réglé par l'habitude
Ne soupçonnez pas l'art dont j'ai fait mon étude
Ma voix va vous dicter d'importantes leçons
Venez à mon école, ô chers nourrissons. »

Berchoux s'adresse ainsi aux nouveaux amphitryons, les bourgeois sans grande éducation, qui, au lendemain de la Révolution, veulent apprendre les bonnes manières et les mettre en pratique :

« S'il est un rôle noble et digne d'envie
Un agréable emploi du cours de la vie
C'est celui d'un mortel qui fait en sa maison
Ces honneurs de sa table en digne amphitryon. »

La gastronomie est alors selon lui l'art de diriger une maison, c'est-à-dire de s'entourer des personnels compétents :

« En formant la maison dont vous avez besoin
Au choix du cuisinier mettez tout votre soin. »

On est ici dans le genre du poème badin, fort prisé au début du xixe siècle. Berchoux va récidiver avec *Voltaire ou le triomphe de la philosophie moderne* (1814) puis *La liberté, poème en quatre chants, par un petit-neveu de Scarron* (1833). Certains de ses commentaires annoncent les aphorismes de Brillat-Savarin, tels : « Hélas, nous n'avons plus l'estomac de nos pères ! » ou bien « Rien ne doit déranger l'honnête homme qui dîne. » Il faut souligner que Joseph Berchoux, comme Brillat-Savarin, qui finit conseiller à la Cour de cassation, ou bien Grimod de la Reynière, qui est d'abord avocat, appartient aussi au monde judiciaire, ce qui ne va pas sans provoquer quelques frictions avec les cuisiniers de l'époque, Carême en particulier, rivalité dont pâtira aussi, plus tard, Alexandre Dumas.

Il convient de ne pas oublier parmi les contemporains de Stendhal, une figure particulièrement insolite à laquelle cependant il rendra hommage. Charles Fourier (1772-1837) fondateur de l'École sociétaire, est aux antipodes de l'élitisme d'un Grimod de la Reynière. Il est, selon Marx et Engels, une figure du « socialisme critico-utopique » mais l'on sait moins qu'il est à l'origine d'un système qui doit régir les nouveaux rapports de l'homme à son alimentation au sein du phalanstère. Pour cela il crée un néologisme : la gastrosophie. Selon le philosophe Michel Onfray, le propos fouriériste est « d'organiser la voracité générale », de gérer la gourmandise qui est une expression commune à tous les âges, à tous les sexes et à toutes les catégories sociales. Dans le même temps, il réfute les prétentions des gastronomes de la capitale, qualifiés « d'avortons qui n'ont jamais connu le premier élément de la science dont ils prétendent donner des leçons ». Son système définit une surabondance, là où règnent la pénurie et la disette. La gestion de cette production se fera par une catégorie particulière de savants : le gastrosophe. C'est avant tout un vieillard : il a passé quatre-vingts ans et montré à plusieurs reprises son excellence dans les domaines qui constituent sa discipline. Diététicien, agriculteur, médecin, sage et goûteur émérite, c'est lui qui décide en matière de nourriture lors des « conciles », terme employé par dérision pour désigner un repas pantagruélique. La santé et le plaisir sont les deux fins visées par son action. Il tâche d'adapter de manière judicieuse les mets aux tempéraments des individus.

La pédagogie alimentaire en direction des enfants se fera de manière systématique et raisonnée : très tôt, ils assisteront à des « débats gastronomiques » sur des préparations culinaires, puis, afin d'allier théorie et pratique, ils goûteront... Charles Fourier est spécialement obsédé par les mirlitons, les petits pâtés, les vol-au-vent et les courges. Il déteste souverainement ces dernières, et le pain mal cuit dont la pâte est gorgée d'eau. « Si les Parisiens n'étaient pas des vandales en gastronomie, on aurait vu la grande majorité d'entre eux s'élever contre cette impertinence mercantile, et exiger une cuisson suffisante ; mais on leur fait croire que c'est le bon genre, le genre anglais, qui vient de l'anglais », écrit-il. Poursuivant dans l'anglophobie, il critique la mode qui veut que l'on mange « de la viande à demi crue avec des fourchettes courbées à rebours et presque impossibles à manier. » Le thé est à ses yeux une « vilenie, une drogue dont les Anglais s'accommodent forcément parce qu'ils n'ont ni bon vin, ni bons fruits, à moins d'énormes dépenses. » En fait, Fourier plaide pour une poétique de l'aliment : dialectique du petit pâté et rhétorique du vol-au-vent, l'utopiste délire autant dans les cuisines que dans les usines. À l'actif de Fourier, il faut mettre son authentique souci de modifier le rapport au corps : déculpabiliser a été son objectif majeur. Son désir prioritaire était la jouissance en utopie. Stendhal lui rendra hommage dans *Mémoires d'un touriste* en 1837, année de sa mort : « [...] Comme Fourier n'avait aucune élégance et n'allait pas dans les salons, on ne lui accordera que dans vingt années son rang de rêveur sublime. »

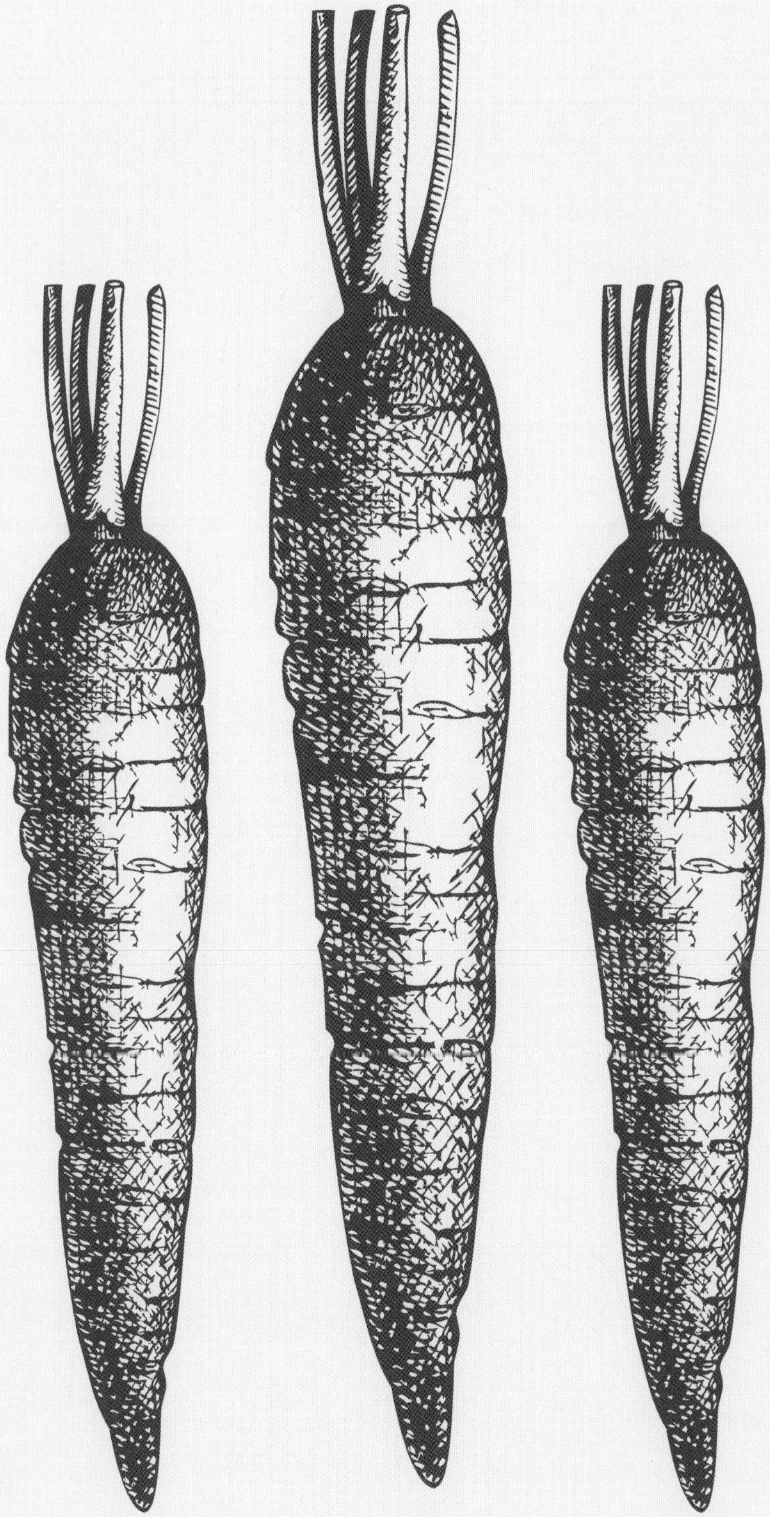

10.

qui était couvert des prières des fidèles, la base était sur la terre et la pointe au ciel. La lune paraissait je crois par dessus l'incendie. C'était un grand spectacle mais il aurait fallu être seul pour le voir ou entouré de gens d'esprit. Voilà la triste condition qui a gâté pour moi cette Campagne de Russie. C'est de l'avoir faite avec des gens qui auraient rapetissé le Colisée et la mer de Naples.

Nous allions par un superbe chemin vers un château nommé Petrowski où S.M. était allé prendre un logement. Par avancer bien de la sorte, je vis de ma voiture où j'avais trouvé une petite place par grâce, la Calèche de M. Z (1) qui penche et qui enfin tombe dans un fossé. Ba! Louis la route n'avait que 80 pieds de large, mais Luc était soûl. Jurements, jurons, il fut fort difficile de relever la voiture. Vis-à-vis + Z. Enfin nous arrivons à un Bivouac qui faisait face à la ville, nous apercevions très bien l'immense pyramide formée

(1) Daru

par les Russes et les Cosaques de Moskou
qui nous auraient donné tant de
jouissances sans la manie incendiaire.
A Rostopchin sera un scélérat ou un Romain,
il faut voir comment son affaire prendra.
On a trouvé aujourd'hui un écriteau
à un des châteaux. Il dit qu'il y a un
mobilier d'autant (un million je crois)
27 L. mais qu'il l'incendie pour ne
pas en laisser la jouissance à des brigands.
Le fait est que son beau palais d'été n'a
pas incendié.



Arrivés au bivouac avec un pain
avec du poisson cru, des figues et du vin,
telle fut la fin de cette journée si pénible, où
nous avions été agités depuis 7 h. du matin
jusqu'à 11 h. Ce qu'il y a de pis c'est que le soir
à 11 h. en m'asseyant dans ma calèche pour
y dormir à côté d'un ennuyeux de Bonnaire
assis sur des bouteilles, recouvert d'effets et de
couvertures, je me trouvai gris par l'effet de
ce mauvais vin blanc, pillé au club.

Voilà le détail d'une des journées les
plus pénibles, et ennuyeusement pénibles, de ma vie;
pour retrouver la date, c'est le 16 ou 17 septembre.

# L'écriture ou la recherche de l'âpre vérité

*« Quel est mon but ? D'être le plus grand poète possible. Pour cela connaître parfaitement l'homme. Le style n'est que la seconde partie du poète. »*

Stendhal

Stendhal demeure un cas à part dans la littérature. Même si toute sa vie il a multiplié les lettres, tenu dès sa jeunesse un journal, écrit des nouvelles et même des pièces de théâtre, ce n'est qu'à quarante-quatre ans qu'il publie son premier roman et devient véritablement écrivain.

Comme Flaubert, son apprentissage littéraire, mû par un constant souci de perfection, est long et difficile, presque laborieux. Il commence des œuvres qu'il n'achève pas, en termine d'autres pour les renier aussitôt, convaincu qu'il n'aboutira à rien, malgré son imagination, la puissance de son style et son inspiration toujours en éveil. « J'ai très peu de génie immédiat », note-t-il, lucide, si peu confiant en son talent que sa seule ambition alors – en 1830 – est d'être nommé… préfet !

Comme chez Proust, la procrastination l'empêche de livrer au public le grand roman qu'il médite. En dehors de quelques articles dans la presse britannique, il n'a alors publié que ses *Considérations sur Métastase et l'état présent de la musique en France*, sous le pseudonyme de Louis-Alexandre-César Bombet, en 1814, et l'*Histoire de la peinture en Italie*, cette fois publiée en 1817 sous le nom de monsieur de Stendhal, officier de cavalerie. Parallèlement, les questions idéologiques le passionnent, dans la mouvance d'Helvétius, de Hobbes voire de Maine de Biran, ou plus encore de Destutt de Tracy dont il fréquente le salon. D'une certaine manière, il se veut philosophe, ce qui ne signifie pas qu'il écrit de la philosophie, mais qu'elle imprègne ses textes. La critique d'art et la musicologie complètent la pensée de ce grand lecteur pour qui l'esthétisme prime par-dessus tout, ce qui, en somme, permet à l'homme de transcender sa misérable existence.

Mais s'il a peu publié – et moins encore sous son nom – c'est aussi parce que sa hiérarchie administrative l'oblige à une certaine discrétion : « Je me fais plat, j'écris peu ou point… Tout mon but est d'être moral comme un sous-chef de bureau. » Il en profite pour recourir à l'envi aux pseudonymes qu'il affectionne tant, dans sa correspondance, usant et abusant ainsi de Don Flegme, Giorgio Vasari, William Crocodile, Anastase de Serpière ou Poverino, surtout lorsqu'il écrit à ses multiples maîtresses. Mais, comme beaucoup de jeunes gens de sa génération, c'est en écrivant une grande œuvre tragique qu'il rêve d'accéder à la gloire, avant de comprendre que ce n'est pas sa nature. Il commence très tôt à écrire des comédies sans jamais les achever. Au fil des années, il évolue, mais ses premiers livres sortent dans une indifférence quasi générale : *De l'amour,* en 1822, ou sa *Vie de Rossini*, en 1823. Il en va de même de son premier roman, *Armance*, publié en 1827 – et injustement passé inaperçu – de ses contes et nouvelles, *Vanina Vanini*, *Le coffre et le revenant* ou *Le philtre*.

C'est pour cette raison d'ailleurs qu'il utilise désormais le pseudonyme de Stendhal, sous lequel il publie les *Promenades dans Rome*, sorti en librairie en 1829, qui lui apporte enfin une certaine notoriété. Cet ouvrage, de même que sa *Vie de Rossini* restent des chefs-d'œuvre littéraires, non seulement pour leurs savoureuses anecdotes, mais aussi pour leur exceptionnelle qualité d'écriture, qui servent admirablement ses passions pour la musique et l'Italie qui l'ont accompagné jusqu'à son dernier jour.

En lisant les quelques milliers de pages qui ont précédé ses trois romans fondamentaux, on mesure parfaitement sa recherche constante d'une certaine épure, ce souci d'ascèse qui peu à peu l'éloigne de l'impulsion par trop romantique de la jeunesse. On le relève notamment dans ses *Chroniques italiennes*, les *Mémoires d'un touriste* – 1838, quatre ans avant sa mort – ou la maturité de ses derniers textes, la *Vie de Henry Brulard*, les *Souvenirs d'Égotisme,* presque tous publiés longtemps après sa mort. Ne s'astreint-il pas, chaque jour, à lire plusieurs pages du Code civil, pour « apprendre à écrire » ? C'est du moins ce qu'il dit. Ne s'autocensure-t-il pas pour bannir tout ce qui, de près ou de loin, passerait pour de l'emphase ?

L'effort ne l'empêche pas de douter pour autant : « Je tremble toujours de n'avoir écrit qu'un soupir, quand je crois avoir noté une vérité ! » La recherche de la concision parfaite, que ses contemporains ont taxée de sécheresse, est une quête permanente, de même que ses intrigues, puisées dans sa propre expérience. En mélomane averti, il se compare à un compositeur : « Un roman est comme un archet, la caisse du violon qui rend les sons, c'est l'âme du lecteur. » Préservé des excès par cette recherche de la simplicité du style et de réalisme informel tout à la fois, il annonce d'une certaine manière ce que sera plus tard le naturalisme.

Avec *Le Rouge et le Noir,* sorti en librairie le 30 novembre 1830 alors qu'il séjourne à Venise, il franchit une étape décisive ; l'amateur doué devient écrivain consacré et fondamental de la littérature française. Inspiré d'un fait réel – l'histoire d'Antoine Berthet, fils d'un maréchal-ferrant du Dauphiné, devenu séminariste, séducteur, assassin et guillotiné à Grenoble en 1828 – le roman met en scène la geste du jeune et beau Julien Sorel, ambitieux fasciné par Napoléon, qui cherche à réussir à tout prix. Précepteur du comte de Rênal, il devient rapidement l'amant de sa femme. Cette liaison découverte, il quitte ce poste pour entrer au séminaire, mais se voit placé par son supérieur en qualité de secrétaire chez le marquis de La Môle à Paris dont il séduit bientôt la fille, Mathilde, qui veut à tout prix l'épouser, d'autant qu'elle est enceinte de lui. Mais madame de Rênal, sous la pression de son confesseur jésuite, écrit à la jeune fille pour l'avertir que Julien est un intrigant hypocrite. Furieux, il tire deux coups de pistolet sur madame de Rênal. Condamné à mort, il finit guillotiné, après avoir reçu dans sa cellule madame de Rênal, qui elle-même s'éteint trois jours après l'exécution.

Julien Sorel, cousin d'Eugène de Rastignac ou de Lucien de Rubempré, est-il le double de Stendhal, lui qui a perdu sa mère très tôt et souffert d'un père tyrannique ? En partie, même si l'écrivain s'en défend. Mais tous les jeunes gens de 1830 le sont tout autant, qui se reconnaissent dans celui que la société diabolise et qui incarne la rébellion : « Ainsi, moi, je mourrai à vingt-trois ans. » Au reste, Sorel parle bien souvent comme Stendhal avec la même énergie de vivre, provoquant un monde conformiste qui finit par le détruire, parce qu'arrivé trop vite, en jouant le *noir* – la prêtrise, avec la remontée de l'influence de l'Église sous la Restauration – contre le *rouge* – l'armée par laquelle, sous Napoléon, la jeunesse ambitionne la réussite. « Toute cette malheureuse jeunesse française est donc trompée par la gloire de Napoléon et tourmentée par des désirs absurdes. Au lieu d'inventer sa destinée, elle voudrait la copier. »

À propos de ce titre *Le Rouge et le Noir*, Paul Desalmand, sur le site stendhalien www.armance.com, dépassant l'interprétation traditionnelle, va plus loin : « Le premier titre de ce qui allait devenir *Le Rouge et le Noir* a tout d'abord été *Julien.* Puis, soudainement, Stendhal eut l'idée d'un autre titre sur lequel il ne s'est pas expliqué. L'interprétation traditionnelle veut que ces deux couleurs expriment l'alternative dans laquelle se trouve l'ambitieux Julien Sorel. Pour un jeune homme né dans le peuple, il n'y avait que deux moyens de sortir de sa condition : la prêtrise et l'armée. Le noir évoquerait donc la soutane des prêtres et le rouge les uniformes militaires.

Cette explication n'est qu'à moitié satisfaisante. La condition des curés de village qui portaient la soutane n'était pas spécialement brillante. Leur condition sociale n'avait rien à voir avec celle du haut clergé. Julien Sorel n'était pas homme à se contenter de cette portion congrue. Par ailleurs, les uniformes rouges étaient ceux de l'armée anglaise, les lecteurs de *La Chartreuse de Parme* le savent. Les uniformes de l'armée française étaient le plus souvent bleus.

*Le Rouge et le Noir* pourrait exprimer aussi le conflit politique qui déchire la France de l'époque. Le rouge se rapporterait à la gauche libérale parfois républicaine (mais ne défilant pas encore avec le drapeau rouge) et le noir la monarchie solidement épaulée par le parti prêtre.

Ces deux interprétations ne s'excluent pas, et il est même possible d'en ajouter d'autres. Julien Sorel est un joueur qui prend des risques et perd. Le rouge et le noir sont des couleurs qui peuvent évoquer la roulette. Quelques lignes du journal de Stendhal ont aussi attiré l'attention sur un jeu de cartes appelé justement "la rouge et noire". Un critique s'appuie même sur l'astrologie pour expliquer le jeu sur ces deux couleurs.

Le rouge et le noir pourraient encore s'associer au conflit des romantiques et des classiques. Le rouge se reliant à la jeunesse et à la fougue des romantiques et s'opposant au noir rabat-joie des classiques. Le gilet rouge de Théophile Gautier, lors de la première d'*Hernani* (25 février 1830), à laquelle Stendhal assiste, avait aussi valeur de symbole.

Ces différentes explications ne se contredisent pas. Elles se superposent, s'imbriquent, s'entrecroisent, créant un riche réseau de connotations. Pourtant, une chose frappe. Le titre reste porteur dans des pays comme le Japon où les faits de culture qui viennent d'être rappelés ne sont pas connus. Cela est dû au fait que le couple indissociable du rouge et du noir symbolise l'intrication, en Julien comme en nous-mêmes, d'Éros et de Thanatos, de l'instinct de vie et de l'instinct de mort. *«L'homme a deux êtres en lui"*, dit Julien dans sa prison, inextricablement liés le rouge du désir et le noir de la mort. »

L'ouvrage, en tout cas, est très bien accueilli par la génération qui a chassé les Bourbons de France après la Révolution de Juillet. En lisant cet auteur antimonarchiste et anticlérical, chacun comprend le message à la fois contestataire et libératoire d'un héros... mort pour des bourgeois irrités... ces bourgeois que haïssent par-dessus tout les romantiques, et Stendhal en particulier. Après tout, Julien Sorel n'est-il pas, à quelques mois près, le contemporain d'*Hernani* ? Le roman, loué par Sainte-Beuve, est curieusement détesté par Victor Hugo, qui écrit alors à Rochefort : ... Chaque fois que je tente de déchiffrer une phrase de votre ouvrage de prédilection, c'est comme si on m'arrachait une dent ... Puis il ajoute : ... Stendhal ne s'est jamais douté un seul instant de ce que c'était que d'écrire *(sic)*! ...

Pourtant, l'œuvre avec son héros ambitieux, en quête d'amour absolu, pur produit du mal-être de sa génération, s'inscrit incontestablement dans le grand courant romantique dont Stendhal est un inconditionnel défenseur – comme le montrent en particulier son essai *Racine et Shakespeare* ou son amitié avec Byron. En 1954, Claude Autant-Lara ne s'y trompe pas, en réalisant ce chef-d'œuvre du cinéma, avec l'immortel Gérard Philippe en Julien Sorel, Danièle Darrieux en madame de Rênal et Antonella Lualdi en Mathilde de La Mole.

*La Chartreuse de Parme,* qui suit en 1839, constitue le deuxième volet de la trilogie stendhalienne. Sur fond d'occupation de Milan par les troupes françaises, un jeune homme différent de Julien Sorel, Fabrice del Dongo, neveu de la duchesse de Sanseverina, participe à la bataille de Waterloo, avant d'entrer dans les ordres, comme coadjuteur de l'archevêque Landriani. Compromis toutefois dans quelque intrigue amoureuse, il tue l'acteur Giletti, et se retrouve incarcéré dans la tour Farnèse. Là, il tombe amoureux de la fille de son geôlier Clélia Conti, qui, avec la complicité de la duchesse, le fait évader. À cause des vœux faits à son père, elle en épouse un autre et Fabrice, qui a repris la soutane, tout en devenant l'amant de Clélia, finit sa vie à la chartreuse de Parme. Plus idéaliste que *Le Rouge et le Noir*, *La Chartreuse de Parme*, qui annonce le Risorgimento italien avec sa problématique politique, est aussi plus romantique. L'intrigue sert l'acuité psychologique de l'auteur avec ses personnages en décalage par rapport à la banalité du monde et à une société qui ne perçoit pas leur aspect fascinant.

Écrit en cinquante-six jours, soit huit semaines seulement, le roman est un nouveau succès, plus important que le précédent. Mille deux cents exemplaires sont écoulés en dix-huit mois, ce qui pour l'époque est considérable. Balzac témoigne de ce triomphe : après avoir magnifiquement compris que ce texte était ... celui du désenchantement ... il écrit dans *La Revue de Paris* : ... Depuis dix mois, que cette œuvre surprenante a été publiée, il n'y a pas un seul journaliste qui l'ait ni lue, ni comprise, ni étudiée, qui l'ai annoncée, analysée et louée, qui même y ait fait allusion ... Stendhal découvre ces lignes avec stupéfaction et met plusieurs jours à en remercier l'auteur : ... *Cet article étonnant, tel que jamais écrivain ne le reçut d'un autre, je l'ai lu, j'ose maintenant vous l'avouer, en éclatant de rire. Toutes les fois que j'arrivais à une louange un peu forte, et j'en rencontrais à chaque pas, je voyais la mine que feraient mes amis en le lisant* ... En réalité, il est particulièrement flatté par l'adoubement d'un autre chevalier des lettres, le plus grand de son temps selon lui. Et ce d'autant que Balzac pense réellement ce qu'il écrit, comme il le confie à madame Hanska : ... *Beyle vient de publier à mon sens le plus beau livre qui ait paru depuis cinquante ans* ... En 1948, Gérard Philippe prête une nouvelle fois ses traits et son génie d'acteur, dans le film de Christian-Jaque.

*Lucien Leuwen*, bien que demeuré inachevé – Stendhal meurt avant de le terminer – clôt la trilogie. Stendhal y intente le procès de la Monarchie de Juillet, à travers l'histoire du fils d'un riche banquier parisien, tour à tour sous-lieutenant à Nancy, secrétaire du ministre de l'Intérieur et enfin attaché d'ambassade à Rome. Il s'éprend de madame de Chasteller, sur fond de trucage électoral, de duplicité préfectorale et de pourriture ministérielle que le héros dénonce, tout en exerçant une profession politique : « Mon sort est-il donc de passer ma vie entre des légitimistes fous, égoïstes et polis, adorant le passé et des républicains fous, généreux et ennuyeux, adorant l'avenir ? »
Avec ces trois romans, Stendhal est devenu immortel, comme Flaubert, qui ne publia que peu de titres en comparaison d'auteurs aussi prolifiques que Balzac ou Dumas, avec plus de cent ouvrages à leur actif. Mais les autres livres de Stendhal n'en demeurent pas moins essentiels. Pour lui, le roman se veut miroir de la réalité sociale, mentale et politique de son temps, et il s'impose à la fois comme un pénétrant observateur des mœurs de ses contemporains, un subtil analyste des sentiments humains, à commencer par le plus essentiel de tous, l'amour. Stendhal a-t-il pressenti l'immortalité de son œuvre en écrivant « Je mets un billet à une loterie dont le gros lot se réduit à ceci : être lu en 1935 » ? La mort l'a emporté avant ses soixante ans, sans qu'il ait pu donner tous les romans qu'il aurait pu écrire, une fois sa voie trouvée. Prosper Mérimée lui consacre une brochure, publiée sept ans après sa mort : « Je m'imagine que quelque critique du XXIe, découvrira les livres de Beyle dans le fatras de la littérature du XIXe, et qu'il leur rendra la justice qu'ils n'ont pas trouvée auprès des contemporains. »

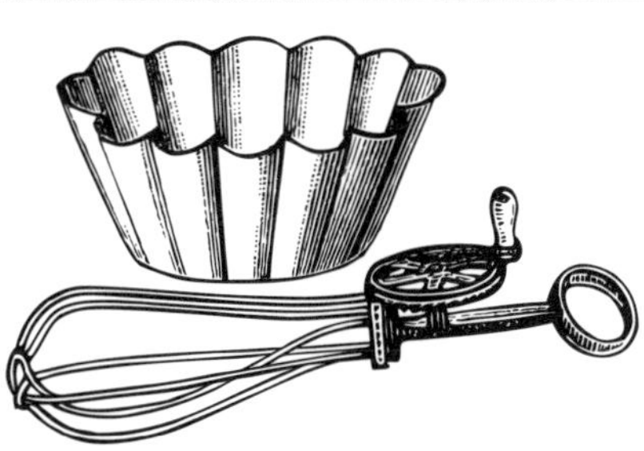

# Les bonnes adresses de Stendhal

Aux premiers moments de la Révolution, le Palais-Royal est une sorte de salon en plein air qui tient de l'*emporium*, du *souk* et surtout du cercle politique, car il est interdit d'entrée à la police, donc l'expression y est libre.

Le 12 juillet 1789, Camille Desmoulins, debout sur une table du Café de Foy au 60 rue de Montpensier, harangue le peuple : « Citoyens le renvoi de Necker est le tocsin d'une Saint-Barthélemy des patriotes. Notre seule ressource est de courir aux armes ! » Pendant la Révolution, le Palais-Royal a été l'asile de toute une foule d'indignés, pour reprendre une expression d'aujourd'hui. Toutes les plumes acérées, trempées dans le vitriol, de Chateaubriand à Balzac dans *Les Illusions perdues*, ont constaté la relation symbolique entre ces lieux et les événements de 1789. Les cafés, les restaurants fleurissent alors sous les belles arcades, conséquence directe de la Révolution. Ils figurent pour un temps, l'espace de la liberté. Les restaurants s'installent sous les galeries de Victor Louis, qui cernent l'espace libre du jardin. Car, nous dit Grimod de la Reynière dans son *Almanach* : « La Révolution a changé l'estomac de la France. La Révolution en mettant à la diète tous les anciens propriétaires a mis sur le pavé tous ces bons cuisiniers. Dès lors pour utiliser leurs talents, ils se sont faits marchands de bonne chère sous le nom de restaurateur. »

Sous l'Ancien Régime, la restauration parisienne est réglementée par le système des corporations attributaires de monopoles. Les taverniers ne peuvent délivrer que le vin en pot ; les auberges sont des tables d'hôtes n'offrant qu'un plat unique ; seuls les cabaretiers peuvent servir quelques plats et des *vins à assiette*, tandis que les traiteurs bénéficient, avec les charcutiers, du monopole du commerce des *chairs cuites*, à l'exception des pâtés de viandes hachées dont la fabrication est réservée aux seuls... pâtissiers. Mais il existe aussi des marchands ambulants escortés de crieurs qui vantent les vertus des *bouillons-restaurant*. N'étant pas traiteurs, ils n'ont pas le droit, à cette époque, de vendre des ragoûts ou des plats en sauce... Jusque-là, « restaurant » est synonyme de revigorant pour qualifier un bouillon de viandes cuites, réputé fortifiant. Aussi lorsqu'un certain Boulanger, dit Champ d'Oiseau, s'installe en 1765 au numéro 1 de la rue des Poulies (actuelle rue du Louvre) dans un petit cabaret, à l'enseigne de « Boulanger débite des restaurants divins », c'est le tollé chez les traiteurs et les charcutiers. Ils perdront toutefois leur procès et l'enseigne « restaurant » – participe présent devenu substantif par métonymie – fera le tour du monde. Aujourd'hui encore, ce mot universel n'est traduit dans aucune langue. Quelques années plus tard, en 1782, Antoine Beauvilliers, ancien chef de cuisine du prince de Condé, fonde la Grande Taverne de Londres, au 26 rue de Richelieu. C'est un véritable restaurant gastronomique, « l'un des premiers à avoir un salon élégant, des garçons bien mis, un caveau soigné comme une cuisine » dit encore Brillat-Savarin. Le Café de Chartres, créé en 1784, qui deviendra le Grand Véfour est promis à un destin historique. Victor Hugo, un habitué, y dîne frugalement avec ses amis au soir de la première d'*Hernani* le 25 février 1830. Au menu : vermicelle, poitrine de mouton et haricots blancs, ce qui n'a pas grand-chose à voir avec les fastes de la table de Carême qui est à cette époque le cuisinier du banquier James de Rothschild. Lamartine, Sainte-Beuve et Thiers y ont leurs habitudes. Bientôt la concurrence se fait vive. Dans les années 1840, Paris compte environ trois mille enseignes. Stendhal est contemporain de leur essor. Dandy élégant, il connaît les grands restaurants de son temps, ceux du boulevard, tous les jours lorsqu'il réside à Paris. Il n'est possible que d'imaginer son choix parmi les menus de ce temps pour savoir ce qu'il aimait croquer et boire.

Mais le restaurant est d'abord, pour Stendhal, un lieu de sociabilité et de rencontre. Il écrit : « Trois soupers par semaine au Café Anglais et je suis au courant de ce qui se dit à Paris. » À son ouverture, en 1802, le Café Anglais, ainsi nommé à l'occasion du traité de paix signé avec l'Angleterre cette même année, est surtout fréquenté par des cochers et des domestiques. On y déjeune *à la fourchette* vers onze heures, de viandes froides, d'œufs et bientôt d'un buffet chaud pourvu de côtelettes, rognons, saucisses, et du potage à la Cameroni. On y mange aussi à la carte. Le Café Anglais connaît un succès considérable. À la fin du Second Empire, il voit défiler toute l'Europe. Ses salons particuliers accueillent une clientèle fortunée accompagnée de cocottes. Il n'y a pas moins de vingt-deux salons et cabinets particuliers, dont le très célèbre Grand 16, réservé aux hautes personnalités françaises et étrangères. Adolphe Dugléré (né en 1805), disciple de Carême qui prend la direction de la cuisine en 1855, y crée le potage Germiny, du nom du gouverneur de la Banque de France, client assidu. Ce potage à l'oseille dédié à un banquier a fait ricaner le boulevard. C'est aussi pour une fameuse courtisane – Anna Deslions – que Dugléré a créé les pommes Anna.

Le Rocher de Cancale est cité par Stendhal. C'est le restaurant des soupers d'après le spectacle ou l'opéra, situé au 59 rue Montorgueil. Le chef Langlais y crée en 1837, la recette de la sole normande. Ce restaurant est également mentionné par Balzac qui en cite plus d'une quarantaine dans *la Comédie Humaine*, parmi lesquels, le célèbre Véry du Palais-Royal, les Frères Provençaux, et aussi le Cadran Bleu, le Bœuf à la Mode, le Cheval Rouge ou le Veau qui Tète. L'on sert dans ces restaurants force pâtés *(Voir recette p.108)*, dont Balzac dit qu'ils sont des créatures animées et donnent « une âme aux houppes nerveuses de notre palais. ». C'est un tel repas qui scelle le destin de Jean-Jacques Rouget, l'un des héros de *La Rabouilleuse*, dont « Lolotte, une des plus belles marcheuses de l'Opéra fut l'aimable assassin », nous dit Balzac.

Le vieillard « mourut après un souper splendide donné par Florentine. Il fut donc assez difficile de savoir, qui du souper, qui de mademoiselle Lolotte avait achevé ce vieux Berrichon. Lolotte rejeta cette mort sur une tranche de pâté de foie gras ; et comme [ce dernier] ne pouvait répondre, il passe pour constant que le bonhomme est mort d'indigestion. »
À propos de Véry et du Rocher de Cancale, les contemporains et les étrangers s'extasient : « Poissons aussi frais que dans la mer, gibier excellent, pieds farcis aux truffes, le macaroni, des papillotes de perdreaux aux truffes, le tout accommodé dans les meilleurs principes de l'art. C'est le restaurant de monsieur Véry qu'on peut appeler le palais des restaurants et le restaurant des palais. » (*Nouveau guide des dîneurs*)

Stendhal a aussi ses habitudes au Café Lamblin, créé en 1805 dans les galeries du Palais-Royal, fréquenté par des femmes légères et des bonapartistes. Il devient un refuge de demi-soldes après 1815. Bistrot est un mot inconnu de Stendhal. Mot d'argot ou de russe, on ne sait. Son étymologie est mystérieuse. Longtemps a été entretenue la légende selon laquelle les Cosaques qui occupaient Paris après la chute de Napoléon interpellaient les garçons de café d'un vigoureux « *Vistro !* » – qui, en russe, signifie « Vite ! » Une manière d'accélérer le service, afin d'échapper à l'arrivée d'un gradé car il leur était interdit de boire. Explication bien improbable, car le mot n'apparaît, sous la plume de Huysmans, qu'en 1898, pour désigner un marchand de vin qui tenait un café, rue Galande, sur la rive gauche.

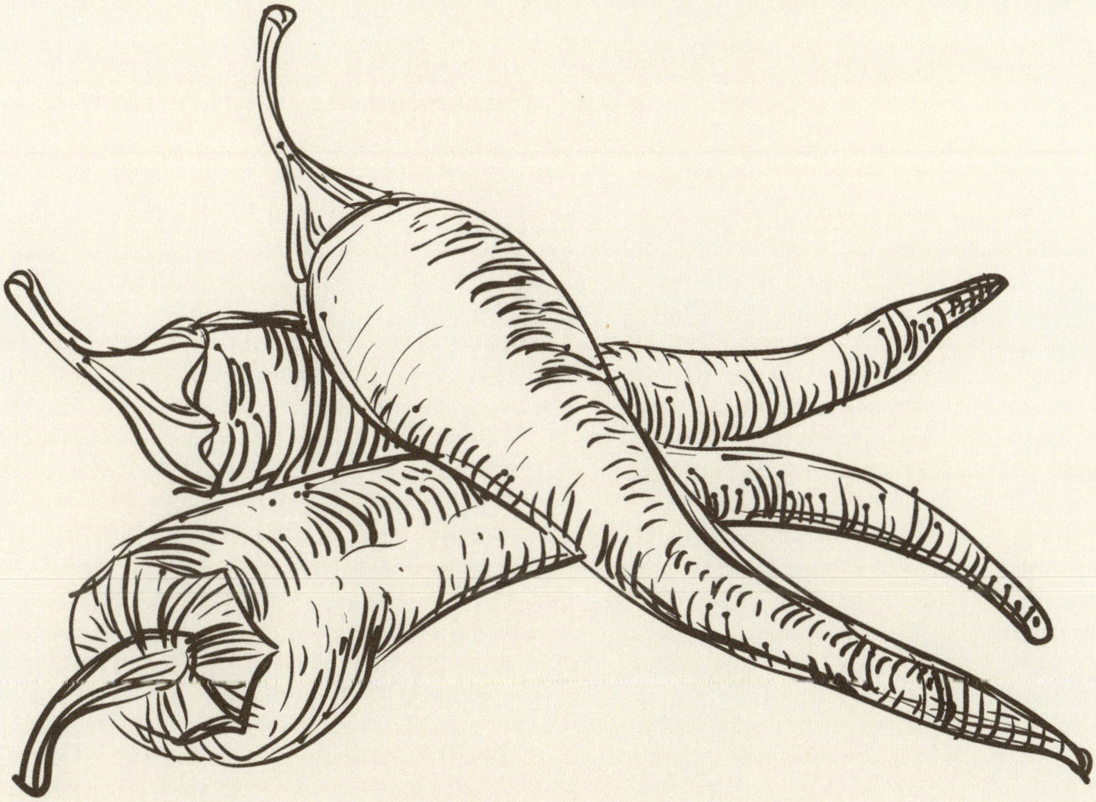

# Le beylisme ou la focalisation interne

*« Plus on creuse avant dans son âme, plus on ose exprimer une pensée plus secrète, plus on tremble lorsqu'elle est écrite ; elle paraît étrange et c'est cette étrangeté qui fait son mérite. »*

Stendhal

La grande originalité de Stendhal, qui lui confère une place à part au panthéon du romantisme, est cette introversion toute particulière, qui lui permet de ne voir le monde qu'à travers son regard et sa propre subjectivité. Il ne raconte pas ses personnages, mais il est tour à tour Julien Sorel, Fabrice del Dongo ou Lucien Leuwen. « Le monde se divise à mes yeux, en deux moitiés, à la vérité fort inégales : les sots et les fripons d'un côté et, de l'autre, les êtres privilégiés auxquels le hasard a donné une âme noble et un peu d'esprit. »

Son œuvre littéraire est donc fortement teintée d'autobiographie, et c'est bien l'ensemble de sa vie qui l'a finalement conduit vers l'écriture et le roman. L'œuvre et l'homme sont indissolublement liés. D'où l'importance qu'il convient de donner à la *Vie de Henry Brulard*, son double littéraire et à ses *Souvenirs d'Égotisme*, une manière de prolongement des *Confessions* de Jean-Jacques Rousseau, ou des *Mémoires d'outre-Tombe* de Chateaubriand – la comparaison s'arrête là, car leurs personnalités divergeaient fortement et Stendhal, au reste, détestait ce dernier.

Si la consubstantialité entre Chateaubriand et Rousseau est évidente, celle entre Rousseau et Stendhal l'est tout autant. L'un et l'autre sont des Alpins, mais c'est leur manière de voir le monde et, surtout, leurs déchirements intérieurs qui les rapprochent. « Une âme élevée se met bien au-dessus de certaines choses que le monde dispense, mais elle a souvent la faiblesse de laisser apercevoir qu'elle prise certaines choses desquelles, sans cela, le monde n'eût pas songé à la priver », note l'inventeur du *beylisme,* voire du *stendhalisme,* selon les cas. Oublions l'ironie de Valery Larbaud traitant de « beylants » ceux qui desservent la chapelle stendhalienne, parfois considérée comme un narcissisme outré. Pourtant Stendhal aimait à répéter qu'il « porterai*(t)* bien un masque » pour dissimuler sa vraie personnalité, comme avec ses pseudonymes.

Voilà Stendhal derrière son masque, tout à l'exploration de son ego, qui nourrit et libère ses œuvres à la condition cependant de « savoir distinguer les bons et les mauvais égotismes, ceux pour qui l'univers n'existe qu'en fonction d'eux-mêmes – et, dans ce cas-là l'égotisme devient symbole de vanité et d'afféterie – et ceux, au contraire, que seule préoccupe la connaissance du Moi. » Le beylisme/stendhalisme, de ce fait, n'est nullement une jérémiade contre le mal-être ou le mal de vivre. L'égotisme est au contraire un art de vivre et, par l'écriture, un art de réfléchir qui, progressivement, conduit Stendhal du texte introspectif au roman et au cœur, probablement, de l'époque romantique. Est-ce pour cela qu'on l'a appelé le romantique de l'ombre, par opposition à Victor Hugo, son pendant solaire ?

Mais si Stendhal est fondamentalement différent de Hugo, il l'est aussi de Balzac, son fervent admirateur, à la différence des précédents. Balzac a conçu une œuvre infiniment structurée, *La Comédie humaine*. À l'instar de Zola plus tard, il se donne pour mission de peindre et d'expliquer la société de son temps. Stendhal, d'emblée, récuse toute organisation de son œuvre, toute préface et toute idée même de méthodologie, il se contente d'en montrer l'essentiel, à travers ses personnages phares – Julien Sorel, Fabrice Del Dongo, Lucien Leuwen – ses doubles jetés dans la tourmente de son temps.

Beyle/Stendhal est donc le premier concepteur du *beylisme*. Il l'écrit dans son *Journal*, en date du 17 mars 181 ?, à propos de son ami Crozet, beyliste, c'est-à-dire « irrévocablement dévoué à la tristesse. » Du reste, ce néologisme est bien le fruit d'une réelle introspection, d'autant plus sincère qu'elle prend source dans son véritable patronyme, au plus profond de sa vérité intrinsèque ! « Qu'y a-t-il de réel pour chaque être, si ce n'est sa propre existence ? » Ou encore : « Tout ce qui en vaut la peine en ce monde est soi. »

Mais qu'est-ce que la recherche du Moi, sinon l'impossible quête du bonheur par la pratique de l'égotisme, à défaut de l'égoïsme ? Aussi la correspondance de Stendhal peut-elle être considérée comme une œuvre majeure du Grenoblois, avec ses *Souvenirs d'Égotisme* qu'il n'a pas le temps d'achever. Elle n'est pas destinée à être publiée, mais sert de brouillon permanent pour son œuvre à construire. Son amour-propre, sa propre conscience de lui-même et des autres y règnent sans partage. Derrière le masque narquois du sceptique, contempteur du vulgaire et sondant l'impossible bonheur dans l'absolu artistique, qu'il soit musical, pictural ou architectural, on perce l'âme d'un grand timide, éperdu de tendresse et de reconnaissance, si peu sûr de lui qu'il mettra un demi-siècle à publier ses chefs-d'œuvre, qui dissimule une sensibilité à vif, de peur du ridicule. On le décèle fort bien dans son récit autobiographique, *Vie de Henry Brulard*, qui remplit son office de psychanalyse.

« On peut connaître tout, excepté soi-même. » Fin psychologue, expert de l'âme humaine, il ne cultive ses illusions que pour mieux les dénoncer, vient au roman parce que sa vie lui semble un échec. De ce fait, il applique à l'inverse l'adage d'un autre génie, Oscar Wilde, lorsqu'il se plaisait à dire : « J'ai mis mon talent dans mon œuvre et mon génie dans ma vie. » Car c'est bien son génie que Stendhal met dans son œuvre, quand Beyle ne met dans la vie que son talent, celui de finir consul à Civitavecchia, avec un médiocre espion de fonctionnaire sous ses ordres ! Sagesse ou lucidité ? « J'appelle caractère d'un homme sa manière habituelle d'aller à la chasse au bonheur. » Il sait bien que le bonheur est impossible aux âmes d'élite, ceux qui se connaissent trop bien pour agir, aimer ou vivre, tout simplement, comme les autres. Savoir que le bonheur est impossible signifie qu'on peut aspirer à la paix, à défaut du bonheur. « Je déteste le faux en tout comme un ennemi du bonheur », conclut-il. On ne saurait mieux dire : « Le bonheur tel qu'on le souhaite est la réunion de tous les contraires. Pour les individus, c'est l'espoir sans la crainte, l'activité sans l'inquiétude, la gloire sans la calomnie, l'amour sans inconstance, l'imagination qui embellirait à nos yeux ce qu'on possède et ne ferait pas regretter ce qu'on aurait perdu. Voilà le bonheur impossible que l'on désire. »

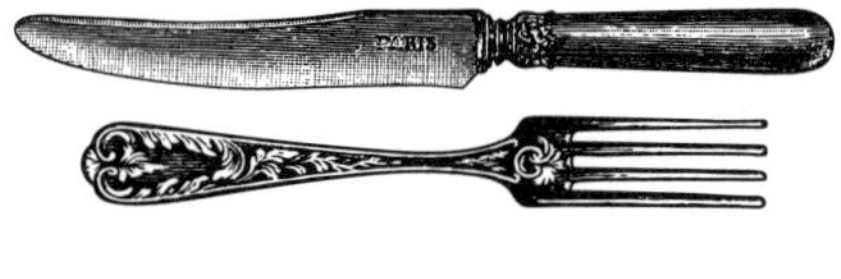

GLACES SORBET
RIZ AU GRAS ET AU LAÎT

MAGASIN DE GRAVUR
REST

# La promenade au cimetière Montmartre

*« Puisque la mort est inévitable, oublions-la. »*
Stendhal

Le 22 mars 1841, à dix-neuf heures, alors qu'il effectue un énième séjour à Paris, Stendhal, marche dans la rue Neuve des Capucines. Il a sans doute l'idée d'aller dîner sur les Grands Boulevards. Personne ne reconnaît ce gros monsieur à demi-chauve portant de lourds favoris, tel monsieur Prud'homme croqué par Daumier, sanglé à l'étroit dans son habit, son gros ventre poussant le pantalon, un parapluie sous le bras, le haut-de-forme à la main… Un homme semblable, en somme, à tant de sujets du roi Louis-Philippe, le chef de cet État qu'il continue de servir modérément.

Le voilà soudain qui s'affaisse, victime d'un malaise – il a déjà été victime de plusieurs apoplexies. Des passants le ramènent chez lui et on finit par savoir qu'il s'agit de monsieur Beyle, consul de France à Civitavecchia ou, pour les plus lettrés, comme les fidèles du salon de madame Ancelot, de monsieur Stendhal, auteur du *Rouge et le Noir* et de *La Chartreuse de Parme*. Les visites se succèdent, on tente de le soigner, de le réconforter, las : il s'éteint le lendemain à deux heures du matin d'une ultime crise.

À cette nouvelle, quelques dames songent alors que, dans leur jeunesse, il les a aimées, avec plus ou mois de sincérité, mais une réelle assiduité. Elles versent une larme puis s'en vont prier, sous leur voile, dans l'église de leur quartier. Ses épistoliers, eux, notent finement que cet homme toujours en mouvement a été foudroyé en pleine rue, donc en pleine action ! Quant à sa famille, elle apprend qu'elle n'hérite de rien. Célibataire, mort sans postérité, Stendhal ne possède rien d'autre que ses habits, ses livres, quelques meubles et sa Croix de chevalier de l'Ordre de la Légion d'honneur. Ses œuvres mises à part, les souvenirs de Stendhal s'évanouissent avec lui, et sans doute les plus merveilleux d'entre eux, ceux vécus avec des femmes passionnément aimées.

Les funérailles de Stendhal sont expédiées. Il est inhumé au cimetière Montmartre, un comble pour celui qui n'a jamais véritablement aimé Paris et y repose pour l'éternité. Que n'est-il mort dans sa chère Italie, à jamais veillé par son soleil de grâce !

Mais ici s'est achevée la course de ce romantique. Le médaillon de David d'Angers offert au regard du visiteur, montre Stendhal de profil, peu séduisant certes mais si intelligent. L'épitaphe est en italien, comme il se doit : «*Arrigo Beyle, Milanese, Scrisse, Amon, Visse*» (Henri Beyle, Milanais, il écrivit, aima, vécut). Milanais ? Eh oui, le Grenoblois se voulut Milanais, à jamais.

Tous les cimetières sont des lieux éminemment romantiques, mais le cimetière Montmartre peut-être plus encore que d'autres. L'évolution de l'urbanisme parisien s'intensifia dans la seconde moitié du XIXe siècle, et cette portion du cimetière se retrouva recouverte par le viaduc métallique supportant la rue

Caulaincourt et, de ce fait, constamment plongée dans l'ombre. Les amis de Stendhal acquirent alors un nouvel emplacement, plus d'une centaine de mètres plus loin, en pleine lumière, pour y déménager la tombe. Le monument fut inauguré le vendredi 23 mars 1962 à l'occasion du 120e anniversaire de la mort de Stendhal.

Ainsi, dans ce même cimetière où le corps de Berlioz est entré avec fracas – les chevaux du corbillard s'étaient emballés – Stendhal, a bougé en toute discrétion après son enterrement.

« L'état habituel de ma vie a été celui d'amant malheureux, aimant la musique et la peinture. Je vois que la rêverie a été ce que j'ai préféré à tout, même à passer pour homme d'esprit. »

Il a placé la beauté au-dessus de tout, a prouvé qu'elle est l'essentiel : « Quand j'y suis plongé, il y a des jours où l'on m'annoncerait que je suis le roi de la terre, que je ne daignerais pas me lever pour aller jusqu'au trône. » Stendhal demeure un homme que seul peu de ses contemporains considèrent comme un grand écrivain, parmi lesquels Balzac et Barbey d'Aurevilly.

Tout cela, au fond, reste conforme à l'esprit d'un auteur n'écrivant que pour un petit cénacle d'initiés, qu'il ne connaît pas, mais qui sont susceptibles de partager avec lui les mêmes vues sur le monde, la société ou les femmes. Seuls ces êtres d'exception sont capables de tutoyer son ego. *Le Grand Dictionnaire universel du XIXe* ne donne-t-il pas cette définition : « Il n'a l'étoffe ni d'un grand écrivain, ni d'un grand penseur, ni d'un grand critique » ?

Mais c'est après sa mort qu'on découvre l'étendue d'une œuvre naturellement plus riche que les rares titres publiés de son vivant. Qu'importe, Stendhal a toujours su, au fond de lui-même, que sa gloire serait posthume : « *Le grand homme est comme l'aigle; plus il s'élève, moins il est visible, et il est puni de sa grandeur par la solitude de l'âme.* » Et aujourd'hui, non seulement Stendhal est considéré comme l'un des plus grands écrivains de langue française mais encore comme l'un des plus modernes. N'a-t-il pas eu raison, finalement, de sacrifier son impossible bonheur à son œuvre ?

# À la table des Grands Boulevards

À Paris, la vie ordinaire du célibataire, c'est la douce flânerie où la vie est d'errance, jusqu'au plein désert des dimanches. Il y a bien le bois de Boulogne ou Montmartre. La Courtille ? Sans doute ! Ce brimborion de campagne pour commerçants en goguette, avec vignes et cabarets.
La vie quotidienne pour Stendhal tourne donc dans ce quartier du centre, en périphérie de la place Vendôme. Petit déjeuner, croissant et brioche, à la française, au Café de Rouen, rue de Richelieu. Puis promenade par les Tuileries, ses jardins étincelants, vers les quais vivants des bords de Seine avec les estampes rares et les livres. Le fastueux quai de la Mégisserie avec ses animaux exotiques, les toucans, les singes verts et ses doudous madras en chapeau. Visite au Louvre pour renifler avec volupté les grands tableaux italiens, dont il glose dans d'interminables essais, tableaux sublimes tout frais émoulus des pillages crapuleux de l'Empire.
Henri Beyle flâne jusqu'à cinq heures, puis retourne à l'hôtel de Bruxelles, s'il n'est pas invité à un souper privé, hôtel où il dîne à la table d'hôte, comme un provincial.
Ensuite il saute sur le boulevard à deux pas. « Ce qu'on appelait le Boulevard était le seul boulevard des Italiens. Cette voie prit alors sous le Directoire le nom de petit Coblentz. Allez savoir pourquoi. » Puis le boulevard des Italiens, du croisement avec la rue Taitbout à la Madeleine, est nommé boulevard de Gand. D'où le nom de gandins donné aux élégants. Sur ce boulevard toute la société oisive se mêle aux curieux, aux flâneurs bourgeois, qui se dévisagent, s'interpellent. Paris est alors le centre du monde civilisé même au temps du Congrès de Vienne. Le boulevard supplante peu à peu le Palais-Royal, ce miroir et berceau de la galanterie parisienne.
Parfois pour la distraction du vieux célibataire Henri Beyle, ses amis intimes organisent une soirée de filles à l'hôtel *ad hoc*, mais Stendhal inhibé par le souvenir de Métilde et de l'amour fou de Milan, ne peut guère être que présent à ces parties. Il appelle cela, *in petto*, « un fiasco »; il en traite dans *De l'amour* et surtout dans l'énigmatique *Armance*. Rien ne se perd pour un

écrivain. Les chers compagnons de Beyle, ses amis, se gardent bien de rire. Car Stendhal est bien mieux qu'un joyeux drille ou qu'un *babilan* (impuissant) dont on se gausse. C'est un être fin, social, pétillant d'esprit de bon aloi. Stendhal est un homme du XVIIIe siècle qui a transporté, à l'époque de l'éveil du romantisme, l'implacable géométrie amoureuse des *Liaisons dangereuses*, cette liberté de commerce entre l'homme et les femmes, qui les a secrètement libérées. Alors c'est à table, que les bagatelles du seuil sont amorcées, avec l'aide des bulles de champagne. Comme toujours, Bacchus commensal a préparé le lit de Vénus.
Le soir, c'est le théâtre. Stendhal s'est inventé une chronique anglaise. Il parcourt les innombrables salles où tout se donne, souvent des navets, une foule d'opérettes, des opéras du goût français, qu'il n'aime guère.
« (16 juillet) Je vais au Matrimonio segreto, divinement chanté par Mme Strinasacchi et Nozari. Ils étaient tous deux en voix. C'est une des plus jolies représentations de cet opéra que j'aie vue. »
« (17 juillet) Je dîne chez Mme C. ; j'y arrive à cinq heures et en sors à onze heures. Je suis placé à dîner entre Adèle et son amie, petite laide farcie de petites prétentions. On joue à la main, on danse ensuite. Je danse avec elle... »
Après le spectacle, s'ouvrent les portes des salons. L'on reçoit, et dans certains salons jusqu'au souper, qui retient les *happy few* autour de la maîtresse de maison pour un en-cas tardif, un punch glacé ou simplement un thé accompagné de douceurs.
Certaines soirées de Stendhal à Paris sont marquées par Giuditta Pasta, appelée familièrement La Pasta, diva à la scène comme à la ville. Depuis Milan, Stendhal est son admirateur. Il devient son sigisbée lorsqu'il s'installe à l'hôtel des Lillois, au 61 rue de Richelieu où la diva occupe l'étage noble. Il s'installe à un autre étage, le deuxième. Elle triomphe avec Cimarosa. Le 5 juin 1821, Stendhal l'entend dans Desdémone de l'*Otello* de Rossini. Giuditta Pasta est accompagnée de sa mère, la *signora* Rachele. Cette *mama* fait la délicate cuisine d'Italie, comme à Parme. Le prodige attire Stendhal. C'est le bonheur retrouvé d'une mère adoptive, chantante, aimante et nourricière. Stendhal arrive le premier chez la diva, aux heures creuses, pour « une conversation toute de cuisine » avec l'insigne bonne dame et discuter avec elle des mérites de la timbale de macaroni qui a fait les délices de Rossini. Soit une timbale de feuilletage cuite vide, y servir les macaronis. Une sauce « béchamelle » *(sic)*, du parmesan râpé, des demi-quenelles de volaille, de la truffe en dés. Le tout passé au four et versé dans une timbale d'argent. Henri Beyle commente aussi avec Rachele la recette prodige du poulet Marengo : comment le 14 juin 1800 est inventée sur le champ de bataille, par Dunan, un suisse alors cuisinier du Premier consul – inventée sinon recréée avec les rares provisions trouvées dans les fermes alentour – une recette d'un pays de passage entre Alpes et Jura, soit une fricassée de poulet, découpé en morceaux, à l'ail et à la tomate, arrosé d'un vin blanc de circonstance et décoré de quelques écrevisses.
Stendhal confie aussi à son hôtesse son goût pour les œufs preste et frais : œufs à la coque, brouillés. L'omelette de conséquence : celle au thon marseillais. L'omelette aux truffes des amoureux secrets, l'œuf sur le plat assez imbécile. L'œuf dur exilé sur son oseille. Expert, il note dans *Le Rouge et le Noir* : « Au séminaire, il est une façon de manger un œuf à la coque qui annonce les progrès faits dans la vie dévote. »
Chez Stendhal, la table est un *leitmotiv* récurrent, une cérémonie alimentaire nécessaire, dont

il ne nous donne pas à voir le détail, mais dont la vague successive s'épuise en fine splendeur florale dans la rencontre de deux amants. Le réel alimentaire est occulté, il est placé hors-champ, dit-on en langage cinématographique. Le trait narratif est saisi comme il le serait par un objectif de longue focale. Image en gros plan très serré, qui ne laisse voir que les yeux et le jeu de mains des protagonistes amoureux. C'est une rencontre passionnelle, comme sertie dans un cercle lumineux de lanterne magique, projetée au salon obscur, les jours de pluie et de grand vent. Marcel Proust fervent du procédé, ne l'oubliera jamais. Dès le XVIIIe siècle, la lanterne magique, précurseur du cinéma est très à la mode. On en fait spectacle dans les hôtels du Marais. Un effet de l'art, une invite à l'imaginaire sentimental et érotique où serait visible en gros plan le plus fin jeu amoureux. C'est un jeu de société très prisé. Dans les romans de Stendhal, ces plans amoureux et dînatoires, de loin en loin répétés, scandent la marche du récit romanesque. C'est une table occultée, mais une table témoin dressée entre les hommes et les femmes, comme un lieu de rencontre et bien sûr de confrontation sociale. En cela, Stendhal est proche de Brillat-Savarin. La table est la pierre angulaire de la culture contemporaine, le nombre d'or qui détermine les rapports sociaux. C'est la vertu cachée de *La Physiologie du goût* d'être un traité de géométrie dans l'espace civilisé du combat amoureux.

Le Rouge et le Noir
par
Mr. de Stendhal

# RECETTES

# ENTRÉES EN MATIÈRE...



# AVANT GOÛTS

# AU CŒUR DE L'ACTION



# EPILOGUES SAVOUREUX

# ENTRÉES EN MATIÈRE

# Soupe de potiron et marrons, trompettes de la mort

## *Ingrédients pour quatre personnes*

*200 g de marrons cuits sous vide*
*1 kg de potiron*
*80 g de beurre*
*2 échalotes*
*1,5 l de fond blanc de volaille*
*20 cl de crème liquide*
*100 g de trompettes de la mort*
*Sel fin, poivre du moulin*

## *Préparation et cuisson*

*Épluchez et taillez le potiron en cubes. Suez les échalotes émincées au beurre, puis ajoutez les cubes de potiron et les marrons cuits. Mouillez à hauteur avec le fond blanc de volaille, assaisonnez et faites cuire pendant 20 minutes. Ajoutez la crème liquide et terminez la cuisson pendant encore une dizaine de minutes. Mixez et passez au chinois fin.*
*Équeutez, fendez en deux et lavez les trompettes de la mort. Cuisez-les dans un sautoir avec un peu de fond blanc de volaille et une noisette de beurre. Couvrez et laissez cuire pendant 2 minutes, à partir de la reprise de l'ébullition. Égouttez et réservez.*
*Réalisez des copeaux de parmesan à l'aide d'un épluche-légumes ou économe.*

## *Dressage*

*Répartissez la soupe chaude dans des assiettes creuses et ajoutez les trompettes de la mort.*

## *Astuce*

*Il est possible d'accompagner cette soupe de chips de marrons.*
*Pour cela, taillez de fines lamelles de marrons crus à la mandoline et cuisez-les à la poêle dans du beurre clarifié. Égouttez ensuite sur du papier absorbant et salez.*

# Champignons farcis, salade de pousses d'épinards croquants

## *Ingrédients pour quatre personnes*

*1 betterave rouge crue*
*1 botte d'oignons nouveaux*
*3 carottes*
*500 g de champignons de Paris*
*20 g d'échalotes*
*1/2 botte d'estragon*
*1/2 botte de persil*
*20 g de graines de coriandre*
*2 dl d'huile d'olive*
*2 citrons*
*2 cuillères à soupe de vinaigre de Xérès*
*10 cl de fond blanc*
*Sel fin, poivre du moulin*
*600 g de pousses d'épinards*
*100 g de crème fleurette*
*5 pétales de tomates confites*

## *Préparation et cuisson*

*Séparez les pieds des têtes des champignons. Épluchez-les et lavez-les séparément sous l'eau courante. Gardez les têtes de côté. Hachez finement les pieds pour la duxelles.*
*Hachez l'échalote, le persil et l'estragon. Coupez les tomates confites en dés.*

## *La duxelles*

*Dans un sautoir faites revenir au beurre l'échalote hachée sans coloration. Ajoutez les pieds de champignons, du sel, du poivre et le jus d'un demi-citron. Laissez cuire à feu vif pendant 5 minutes, en remuant souvent. Une fois cuite, ajoutez le persil haché.*
*Épluchez et lavez la betterave, les carottes et les oignons nouveaux. Taillez la betterave et les carottes en fins bâtonnets de 2 cm de long et de 3 mm d'épaisseur. Taillez les oignons en fines lamelles et séparez les anneaux.*
*Faites cuire les têtes de champignons avec le fond blanc, du sel, du poivre et le jus d'un demi-citron. Portez à ébullition, couvrez et laissez cuire pendant 5 minutes à feu vif.*

## *La vinaigrette vierge*

*Dans un récipient, mélangez l'huile d'olive, l'estragon haché, les graines de coriandre, le jus d'un citron, le vinaigre de Xérès, les dés de tomates confites, du sel et du poivre.*
*Farcissez les têtes de champignons avec la duxelles.*
*Dans un bol, mélangez les pousses d'épinards avec les carottes, la betterave et les oignons.*

## *Dressage*

*Dans une assiette, dressez le mélange de légumes au milieu. Disposez tout autour les têtes de champignons farcies. Versez délicatement la vinaigrette vierge sur l'ensemble.*

# Bugnes au parmesan

## *Ingrédients pour quatre personnes*

*250 g de farine*
*1 gros œuf*
*1 pincée de sucre*
*1/2 sachet de levure*
*8 cl de lait*
*1 pincée de sel fin*
*75 g de beurre fondu*
*75 g de parmesan râpé*

## *Préparation et cuisson*

*Dans un saladier, mélangez la farine, la pincée de sel, la levure et le sucre.*
*Ajoutez l'œuf, le beurre fondu et, pour finir, le lait.*

*Travaillez la pâte jusqu'à obtenir une boule. La pâte doit être élastique ; si elle est trop molle, ajoutez un peu de farine. Si elle est trop dure, ajoutez un peu de lait.*
*Laissez-la reposer une demi-heure.*
*Abaissez la pâte sur une épaisseur de 5 mm, parsemez de parmesan en poudre, repliez-la avant de l'étaler une deuxième fois. Détaillez en bandes de 10 cm sur 4 et pratiquez une incision sur 5 cm au centre.*
*Plongez les bugnes dans la friture à 180 °C (th. 6), retournez-les une fois et égouttez-les sur du papier absorbant.*
*Servez les bugnes tièdes.*

# Sabodet et pommes de terre en salade

## *Ingrédients pour six personnes*

*1 sabodet de 800 g à 1 kg*
*1 kg de pommes de terre à chair ferme (BF 15 ou roseval)*
*3 échalotes*
*1/2 botte de persil plat*
*Sel fin, poivre du moulin*

*Pour la vinaigrette*
*20 cl d'huile de pépins de raisin*
*6 cl de vinaigre de Xérès*
*10 g de moutarde*
*1 pincée de sel fin*

## *Préparation et cuisson*

*Le sabodet*
*Piquez trois ou quatre fois le sabodet avec une pointe fine et plongez-le dans une casserole d'eau frémissante. Faites cuire pendant 1h30 environ sans jamais atteindre l'ébullition.*
*Lavez les pommes de terre et faites-les cuire avec leur peau pendant 20 à 30 minutes selon leur taille.*
*Égouttez-les, pelez-les et coupez-les en rondelles épaisses.*

*La vinaigrette*
*À l'aide d'un fouet, mélangez la moutarde, le vinaigre de Xérès et le sel dans un saladier. Ajoutez l'huile petit à petit.*
*Épluchez et ciselez finement les échalotes. Ciselez le persil également.*

## *Dressage*

*Égouttez le sabodet et coupez-le en tranches épaisses. Disposez-les en intercalant les lamelles de pommes de terre dans un plat rond. Assaisonnez d'un filet de vinaigrette, parsemez d'échalote et de persil ciselés et terminez par un tour de moulin à poivre.*

# Pâté en croûte

## *Ingrédients pour huit personnes*

*Pour la pâte*
*500 g de farine*
*300 g de beurre*
*3 œufs*
*2 bardes de lard*

*Pour la farce*
*300 g de noix de veau*
*300 g de noix de porc*
*1 bon verre de vin blanc*
*1 bon verre d'Armagnac*
*1/2 cuillerée à café de quatre-épices*
*500 g de gorge de porc*
*100 g de foie gras*
*50 g de pistaches*
*Sel fin, poivre du moulin*
*50 cl de gelée de bœuf*

## *Préparation et cuisson*

*La farce*
*Coupez la noix de veau et la noix de porc en petits cubes et faites-les mariner dans un mélange de vin blanc, d'armagnac, de sel, de poivre et de quatre-épices toute une nuit.*
*Passez la gorge de porc à la machine à hacher (grille moyenne) et assaisonnez. Ensuite, mélangez la gorge de porc à la viande marinée. Incorporez le foie gras coupé en petits dés et réservez.*

*La pâte*
*Préparez une pâte brisée avec la farine, le beurre, les œufs et le sel. Si nécessaire, mouillez un peu la pâte pour la détendre. Étalez-la au rouleau à pâtisserie, détaillez deux abaisses de la taille du moule entier et du couvercle.*
*Préchauffez votre four à 250°C (th. 8).*
*Placez une barde de lard au fond d'un moule à pâte et étendez dessus la pâte brisée bien étalée. Remplissez le moule à moitié avec la farce, disposez les pistaches décortiquées et recouvrez avec le reste de farce. Recouvrez le tout d'une autre barde de lard et fermez le moule bien hermétiquement avec la pâte.*

## *Finition*

*Faites deux trous dans le couvercle de pâte et dorez au pinceau le dessus du pâté avec un mélange de jaune d'œuf et d'eau, additionné d'une pincée de sel.*
*Enfournez le pâté à 250°C (th. 8), baissez aussitôt le four à 200°C (th. 7) pour une heure de cuisson. Au besoin, recouvrez le pâté quand il est doré pour éviter qu'il ne brûle.*
*Au bout d'une heure, sortez-le du four et laissez-le refroidir.*
*Coulez la gelée de bœuf tiède par les deux trous et ajoutez-en tous les quarts d'heure, jusqu'à ce que les trous soient remplis.*
*Laissez reposer 24 heures au réfrigérateur.*

# AVANT-GOÛTS

# Gratin dauphinois retour de chasse

## *Ingrédients pour quatre personnes*

*8 grives*
*8 fines tranches de lard*

*Pour le gratin dauphinois*
*1,2 kg de pommes de terre à chair ferme*
*1 gousse d'ail*
*20 g de beurre*
*50 cl de lait frais entier*
*50 cl de crème liquide*
*Sel fin, poivre du moulin*

## *Préparation et cuisson*

*Les grives*
*Plumez, flambez, videz et bridez les grives avec une fine tranche de lard.*
*Réservez.*

*Le gratin dauphinois*
*Épluchez et lavez les pommes de terre.*
*Taillez-les en rondelles de 3 mm d'épaisseur environ et disposez-les à plat dans un plat à gratin sur 4, 5 cm d'épaisseur environ.*
*Parsemez de noisettes de beurre.*
*Dans une casserole, portez à ébullition la crème liquide, le lait, l'ail épluché et émincé finement (en prenant soin de retirer le germe au préalable), salez et poivrez. Passez au chinois sur les pommes de terre et couvrez le gratin d'un papier aluminium percé de quelques trous. Mettez le plat au four, préchauffé à 150 °C (th. 5). Laissez cuire environ 1 heure, puis retirez le papier aluminium et déposez les grives sur le gratin.*

## *Finition*

*Poursuivez la cuisson pendant 25 minutes : les grives vont cuire tout en parfumant le gratin.*
*Dégustez-le sitôt sorti du four.*

# Gratin d'écrevisses

## *Ingrédients pour quatre personnes*

*2 kg d'écrevisses vivantes*

*Pour la nage*
*3 litres d'eau*
*30 cl de vinaigre blanc*
*1 carotte*
*1 oignon*
*1 échalote*

*Pour la sauce Nantua*
*1 oignon*
*1 carotte*
*1 verre de Cognac*
*30 cl de vin blanc sec*
*1 bouquet garni*
*2 cuillères à soupe de concentré de tomate*
*2 cuillères à soupe d'huile d'olive*
*25 g de farine*
*180 g de crème*
*4 jaunes d'œufs*
*Sel fin, poivre du moulin*

## *Préparation et cuisson*

*Les écrevisses*
*Rincez les écrevisses et retirez le petit boyau noir en tirant doucement sur la nageoire centrale de la queue.*
*Épluchez la carotte, l'oignon et l'échalote et émincez le tout en fines lamelles.*
*Dans une grande casserole, portez à ébullition l'eau et le vinaigre, ajoutez les lamelles de légumes et poursuivez la cuisson pendant une demi-heure.*
*Plongez-y les écrevisses pendant 7 minutes, puis retirez-les à l'aide d'une écumoire. Laissez refroidir légèrement puis décortiquez les queues encore tièdes.*
*Réservez au frais. Conservez les têtes et les carapaces.*

*La sauce Nantua*
*Épluchez la carotte et l'oignon et émincez-les en fines lamelles.*
*Faites chauffer l'huile d'olive dans une grande casserole. Faites-y rissoler les têtes et carapaces d'écrevisses, puis ajoutez la carotte et l'oignon. Versez le cognac dans la sauteuse et faites flamber.*
*Saupoudrez de farine et laissez rissoler.*
*Ajoutez le vin blanc, le concentré de tomate et le bouquet garni et laissez cuire 25 minutes à couvert. Ajoutez 100 gr de crème, portez à ébullition puis retirez du feu. Passez cette sauce au moulin à légumes et versez-la dans un saladier.*
*Dans une petite casserole, fouettez la crème restante avec les jaunes d'œufs, puis faites épaissir le mélange à feu doux. Ajoutez la sauce Nantua et rectifiez l'assaisonnement.*

## *Dressage*

*Allumez le grill du four. Beurrez légèrement quatre plats à gratin individuels et répartissez-y les queues d'écrevisses. Nappez-les de sauce Nantua chaude et enfournez les plats sous le gril. Laissez gratiner 5 minutes en surveillant.*
*Servez aussitôt.*

# Gratin de cardons à la moelle

## *Ingrédients pour quatre personnes*

*1 belle botte de 2 kg de cardons*
*200 g de moelle de bœuf*
*1/2 litre de jus de poulet rôti*
*50 g de crème liquide*
*2 cuillerées à soupe de farine*
*1 jus de citron*

## *Préparation et cuisson*

*Préparez et nettoyez le cardon. Retirez les fils et le duvet en procédant comme pour un céleri branche. Coupez en tronçons de 5 cm environ. Faites-les tremper dans de l'eau froide légèrement citronnée.*

*Préparez un blanc en délayant 2 cuillerées à soupe de farine dans 3 litres d'eau. Ajoutez le jus de citron et le sel. Portez à ébullition.*

*Plongez les cardons épluchés et laissez-les cuire jusqu'à ce qu'ils soient tendres (comptez une heure, voire une heure et demie). Égouttez.*

*Pochez la moelle 2 minutes à l'eau bouillante salée, faites-la suer et mouillez avec le jus de poulet rôti. Ajoutez les cardons, laissez cuire 20 minutes et crémez légèrement.*

*Disposez les cardons dans un plat à gratin et faites-les gratiner sous le grill du four.*

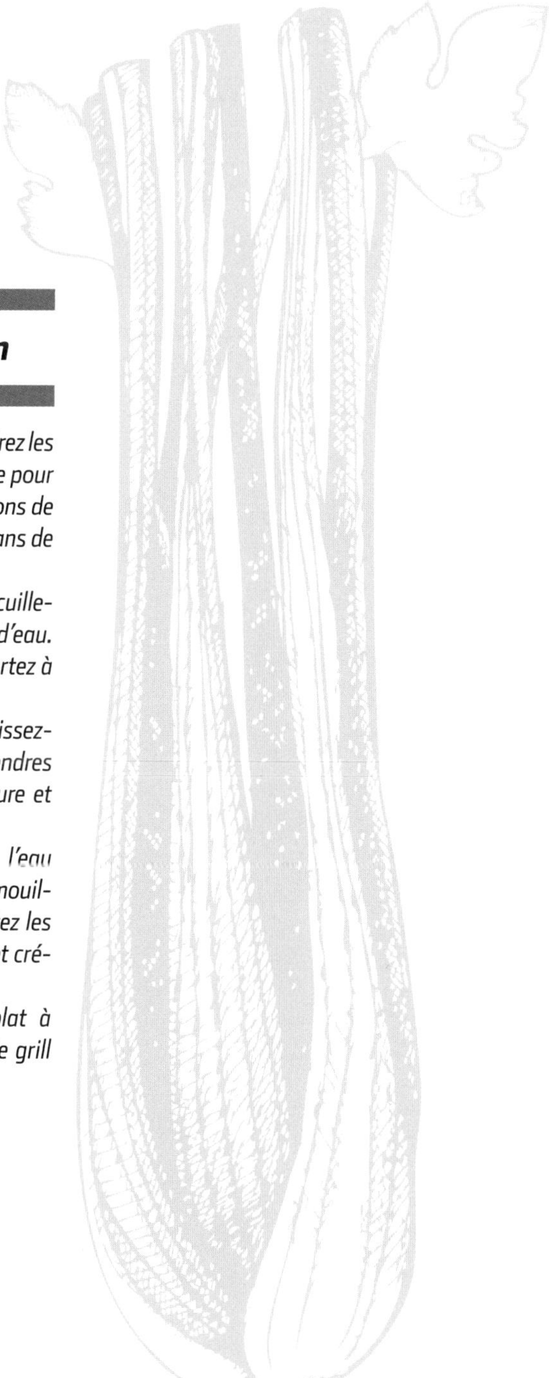

# Gratin d'épinards et champignons de Paris

## *Ingrédients pour quatre personnes*

*500 g d'épinards*
*500 g de champignons de Paris*
*25 cl de crème liquide*
*20 g de beurre*
*Sel fin, poivre du moulin*
*1 gousse d'ail*

## *Préparation et cuisson*

*Épluchez et lavez les épinards et les champignons de Paris.*
*Émincez finement les champignons de Paris et faites-les revenir à feu vif dans une poêle avec le beurre bien chaud, en les assaisonnant. Égouttez et réservez.*
*Plongez quelques secondes les épinards dans une casserole d'eau bouillante bien salée (2 litres) puis rafraîchissez-les dans de l'eau très froide afin d'arrêter la cuisson.*
*Faites réduire de 2/3 la crème liquide sur feu doux, salez et poivrez.*
*Pressez les épinards et faites-les revenir sur feu vif rapidement avec la gousse d'ail juste épluchée, puis assaisonnez.*
*Nappez le fond d'un plat à gratin des épinards et disposez dessus les champignons en écailles.*
*Les épinards doivent être recouverts entièrement de champignons.*
*Versez la crème réduite dessus et faites gratiner au four préchauffé à 150 °C (th. 5) pendant 5 minutes environ jusqu'à obtenir un beau gratin.*

## *Conseil*

*Ce gratin accompagnera très bien une volaille pochée ou rôtie.*

# Gratin de potiron

## *Ingrédients pour quatre personnes*

*1 kg de potiron*
*30 g de beurre*
*20 cl de crème liquide*
*50 g de parmesan râpé*
*Sel fin, poivre du moulin*

## *Préparation et cuisson*

*Épluchez et taillez le potiron en morceaux de 2cm de côté environ, après avoir retiré les filaments et les graines.*
*Dans une large casserole, faites fondre le beurre et ajoutez le potiron. Assaisonnez de sel. Laissez cuire à feu doux avec un couvercle pendant 40 minutes environ en remuant régulièrement jusqu'à évaporation complète de l'eau de végétation.*
*Incorporez la crème liquide au potiron, le parmesan râpé et poivrez. Mélangez bien avec une spatule en bois et réservez.*

## *Conseil*

*Servez avec les tranches de jarret de veau confit braisé (p.137).*

# Gnocchis à la milanaise

## *Ingrédients pour quatre personnes*

*Pour les gnocchis*
*125 g de farine*
*80 g de beurre*
*200 g de parmesan râpé*
*6 œufs*
*0,5 dl d'eau*
*5 g de gros sel*

*Pour la sauce tomate*
*600 g de tomates*
*1 feuille de laurier*
*2 gousses d'ail*
*1 branche de basilic*
*2 cuillères à soupe d'huile d'olive*

## *Préparation et cuisson*

*Les gnocchis*
*Dans une casserole, faites bouillir l'eau avec le beurre et le sel. Retirez du feu et versez la farine. Ajoutez 125 g de parmesan et remettez sur le feu sans cesser de remuer.*
*Enlevez la casserole du feu, laissez tiédir puis ajoutez un à un les œufs toujours en remuant.*
*Divisez la pâte obtenue en petites billes. Pliez-les sur elles-mêmes à l'aide d'une fourchette.*
*Faites-les pocher 5 minutes dans l'eau frémissante.*
*Retirez-les du feu et mettez-les dans un plat allant au four.*

*La sauce tomate*
*Pelez, épépinez et concassez les tomates.*
*Pelez et hachez l'ail.*
*Faites chauffer l'huile dans une casserole et ajoutez l'ail.*
*Ajoutez les tomates, la branche de basilic et la feuille de laurier. Laissez mijoter pendant 20 minutes.*
*Filtrez le coulis de tomate et versez-le sur les gnocchis. Faites gratiner sous le grill du four et servez aussitôt.*

# Gratin « ravioleux » du Royans

## *Ingrédients pour quatre personnes*

*250 g de farfalle*
*20 g de beurre*

*Pour la farce*
*200 g de faisselles demi-sel (salées d'un seul coté avant qu'elles ne soient retournées)*
*75 g d'emmental râpé*
*1/2 botte de persil*
*Sel fin, poivre du moulin*
*5 cl de petit-lait*

*Pour la finition*
*50 g d'emmental râpé*
*20 g de beurre*
*1 gousse d'ail*

## *Préparation et cuisson*

*Dans une grande casserole, portez 3 litres d'eau à ébullition et salez à raison de 20 grammes par litre d'eau. Plongez les farfalles pendant environ 7 minutes, égouttez-les et ajoutez une noix de beurre afin d'éviter qu'elles ne se collent entre elles. Réservez.*

*La farce*
*Égouttez la faisselle, mélangez-la au persil haché et à l'emmental râpé. Mixez, assaisonnez et détendez avec le petit-lait.*

*Le gratin*
*Dans un plat à gratin légèrement beurré et frotté à l'ail, déposez une couche de farfalles puis une couche de farce. Renouvelez l'opération encore une fois en finissant par les farfalles. Répartissez l'emmental râpé sur le gratin ravioleux et mettez à gratiner sous le gril du four.*

## *Conseil*

*Ce gratin confectionné à l'origine par les ravioleuses du Royans est traditionnellement servi avec une volaille rôtie dont on récupère le jus de cuisson pour en arroser le gratin.*

# Grosses ravioles du Royans

## *Ingrédients pour quatre personnes*

*Pour la pâte à ravioles*
*250 g de farine*
*1 œuf*
*1 cuillère à café rase de sel fin*
*80 ml d'eau froide*

*Pour la farce*
*200 g de faisselles demi-sel (salées d'un seul coté avant qu'elles ne soient retournées)*
*75 g d'emmental râpé*
*1/2 botte de persil*
*Sel fin, poivre du moulin*

*Pour la cuisson*
*3 litres de bouillon de volaille*
*50 g de beurre*

## *Préparation et cuisson*

*La pâte à ravioles*
*Tamisez la farine et mélangez-la au sel.*
*Cassez l'œuf et battez-le en omelette avec l'eau.*
*Mélangez le tout et pétrissez longuement pour obtenir une pâte très souple.*
*Laissez reposer la pâte pendant 30 minutes.*
*Divisez-la en seize pâtons et faites-en des boules.*
*Sur le plan de travail fariné, étalez chaque boule au rouleau à pâtisserie (ou passez-les au laminoir) de manière à obtenir seize feuilles de pâte très fines d'environ 6 cm de côté.*

*La farce*
*Égouttez la faisselle et mélangez-la au persil haché et à l'emmental râpé. Mixez et assaisonnez.*

*Le montage des ravioles*
*Déposez une feuille de pâte et mettez dessus une petite quantité de farce, à l'aide de deux petites cuillères.*
*Mouillez légèrement les bords de la pâte pour qu'ils collent plus facilement.*
*Recouvrez le tout d'une deuxième feuille de pâte et soudez bien les bords.*
*Déposez la raviole sur une feuille de papier sulfurisé. Époussetez l'excédent de farine à l'aide d'un pinceau de cuisine.*
*Renouvelez huit fois l'opération.*

*La cuisson*
*Faites bouillir le bouillon de volaille dans une casserole. Plongez-y délicatement les ravioles, une à une, et égouttez à l'aide d'une écumoire dès qu'elles remontent à la surface. Disposez les ravioles dans un plat de service.*
*Prélevez une petite quantité de bouillon, ajoutez le beurre, émulsionnez et arrosez les ravioles.*
*Servez immédiatement avec de l'emmental râpé.*

# AU CŒUR DE L'ACTION

# Gâteau de foies blonds

## Ingrédients pour quatre personnes

Pour le gâteau de foies
100 g de foies blonds de volaille de Bresse
3 œufs
1/2 botte de persil
1 échalote
2 tranches de pain
10 cl de lait +10 cl de lait
12 g de farine
12 g de beurre
Sel fin, poivre du moulin

Pour la sauce tomate
5 cl d'huile d'olive
1 oignon
4 gousses d'ail
500 g de tomates
1 bouquet garni

Pour la garniture de la sauce
150 g champignons de Paris
50 g d'olives vertes
Sel fin, poivre du moulin

## Préparation et cuisson

Le gâteau de foies
Réalisez un roux avec le beurre et la farine, mouillez avec le lait et faites cuire 5 minutes après ébullition afin d'obtenir une béchamel épaisse. Débarrassez dans un plat et réservez au réfrigérateur.
Faites tremper les tranches de pain dans le lait.
Épluchez et ciselez l'échalote.
Préchauffez le four à 180°C (th. 6).
Dans un robot ménager, mixez les foies de volaille, les œufs, les tranches de pain imbibées de lait, l'échalote et le persil. Une fois le mélange bien lisse, ajoutez la béchamel épaisse et rectifiez l'assaisonnement.
Placez l'appareil dans de petits ramequins préalablement beurrés et mettez-les dans un plat allant au four. Remplissez d'eau à mi-hauteur afin que les gâteaux cuisent au bain-marie et enfournez pendant 20 minutes.

La sauce tomate
Pelez, épépinez et concassez les tomates. Pelez et hachez l'ail et l'oignon. Faites chauffer l'huile dans une casserole et ajoutez l'ail. Ajoutez les tomates, le bouquet garni et laissez mijoter pendant 20 minutes.
Équeutez et lavez les champignons boutons. Ajoutez-les, ainsi que les olives, et poursuivez la cuisson de la sauce encore 10 minutes.
Rectifiez l'assaisonnement.

## Dressage

Démoulez les gâteaux de foies au centre d'une assiette et nappez de sauce tomate.

# Truites au bleu

## *Ingrédients pour quatre personnes*

*4 belles truites vivantes*
*ou fraîchement pêchées*
*Pour la nage*
*40 cl de vin blanc sec*
*10 cl de vinaigre*
*2 carottes*
*3 oignons*
*2 gousses d'ail*
*1 bouquet de persil plat*
*40 g de sel gris*
*Poivre du moulin*

## *Préparation et cuisson*

*Les truites*
*Si elles sont vivantes, saignez-les à l'aide d'un petit couteau au niveau des ouïes puis videz-les. Vous pouvez également demander à votre poissonnier de s'en charger.*
*Réservez.*

*La nage*
*Épluchez les carottes et détaillez-les en rondelles. Pelez et émincez les oignons et les gousses d'ail. Versez le vin dans une casserole avec 40 cl d'eau. Ajoutez les carottes, les oignons, l'ail, le persil et la moitié du sel. Poivrez et portez à ébullition.*
*Laissez cuire 30 minutes. Passez la nage et laissez-la tiédir.*
*Dans une petite casserole, dissolvez le reste de sel dans le vinaigre. Portez à ébullition et réservez.*
*Disposez les truites dans un plat long pouvant aller sur le feu ou dans une casserole à bord bas, arrosez-les de vinaigre bouillant puis ajoutez la nage.*
*Faites-les cuire pendant 7 minutes à feu doux.*
*Égouttez les truites, dressez-les dans un plat et servez-les accompagnées de pommes de terre vapeur et de beurre fondu.*

# Caillettes

## *Ingrédients pour 12 caillettes*

*1 kg d'épaule de porc*
*500 g de foie de porc*
*500 g de gorge de porc*
*500 g de blettes*
*500 g d'épinards*
*1 botte de persil*
*1 grosse échalote*
*2 gousses d'ail*
*2 cuillères à soupe d'eau de fleur d'oranger*
*2 œufs entiers*
*8 cl de rhum*
*300 g de crépine de porc*
*Sel fin et poivre du moulin*

## *Préparation et cuisson*

*Équeutez et lavez soigneusement les épinards. Détachez les feuilles de blettes et lavez-les également.*
*Dans une grande casserole, portez l'eau à ébullition et salez. Plongez tout d'abord les épinards et, après 5 minutes de cuisson, égouttez. Plongez-y ensuite les blettes entières. Une fois fondantes, après environ 20 minutes de cuisson, égouttez-les et pressez-les fortement entre vos mains afin d'éliminer un maximum d'eau. Faites de même avec les épinards.*
*Hachez les viandes avec la grosse grille du hachoir, puis les épinards et les blettes.*
*Mélangez les viandes avec les épinards et les blettes et ajoutez le persil, l'échalote et l'ail hachés.*
*Ajoutez ensuite les œufs, la fleur d'oranger et le rhum, salez à raison de 16 grammes au kilo, poivrez à raison de 2 grammes au kilo et mélangez à nouveau.*
*Faites des boules d'environ 250 g avec la préparation et déposez-les sur la crépine bien nettoyée et séchée.*
*Mettez ces boules bien serrées entre elles dans un plat allant au four et enfournez à four très chaud (220°C ou th. 7) pendant 45 minutes.*
*Les caillettes peuvent se déguster chaudes ou froides.*

# Culs de poulet aux petits pois

## Ingrédients pour quatre personnes

*Pour les culs de poulet*
*4 culs de poulet (demandez à votre volailler de vous réserver le dos de poulet avec les sot-l'y-laisse encore attachés et le croupion)*
*150 g de beurre*
*1 branche de thym*
*1 gousse d'ail*
*10 cl de bouillon de volaille*

*Pour les petits pois à la française*
*2 kg de petits pois frais*
*50 g d'échalotes émincées*
*1 petite laitue*
*12 oignons fanes*
*50 g de beurre*
*Sel fin, poivre du moulin*

## Préparation et cuisson

*Les culs de poulet*
*Dans un sautoir, faites fondre le beurre et déposez les culs de poulet. Ajoutez la branche de thym et l'ail et faites bien colorer toutes les faces afin d'obtenir une peau très croustillante. Laissez cuire à feu modéré en arrosant régulièrement pendant une dizaine de minutes.*
*Débarrassez les culs de poulet puis dégraissez légèrement le fond du sautoir et déglacez avec le bouillon de volaille. Laissez réduire doucement afin que le jus se concentre en sucs. Filtrez le jus et réservez.*

*Les petits pois*
*Écossez et faites cuire les petits pois à l'anglaise.*
*Épluchez et faites cuire les oignons fanes à l'anglaise également.*
*Triez et lavez la laitue puis coupez les feuilles en fines lanières.*
*Faites fondre 50 g de beurre à feu doux. Ajoutez les échalotes émincées, les petits pois et les oignons fanes. Laissez mijoter le tout 10 minutes à feu doux puis, ajoutez les lanières de laitue et laissez mijoter encore 3 minutes.*

## Dressage

*Ajoutez le jus de déglaçage dans les petits pois.*
*Dans le fond d'une assiette, déposez 3 cuillères de petits pois puis, à l'aide d'une cuillère, détachez le croupion et les sot-l'y-laisse des culs de poulet. Disposez-les sur les petits pois, émincez la peau et répartissez-la sur les assiettes.*

# Jailles de porc

## *Ingrédients pour quatre personnes*

*800 g à 1 kg de gorge de porc pas trop grasse*
*5 cl d'huile*
*10 cl de vinaigre*
*100 g d'oignon*
*4 gousses d'ail*
*1 cuillère à soupe de persil haché*
*Sel fin et poivre du moulin*
*400 g de pommes de terre*

## *Préparation et cuisson*

*Lavez les pommes de terre puis coupez-les en petits dés. Coupez de la même manière les joues de porc. Mettez le tout dans une cocotte avec très peu d'huile et faites cuire doucement à couvert pendant 45 minutes minimum.*
*Ajoutez l'oignon ciselé puis déglacez avec le vinaigre.*
*Avant de servir, saupoudrez d'ail et de persil haché.*

# Le Papet vaudois

## *Ingrédients pour quatre personnes*

*1,5 kg de poireaux*
*500 g de pommes de terre*
*2 saucisses au foie*
*2 saucissons aux choux*
*50 g de saindoux*
*40 cl de vin blanc*
*Eau*
*10 cl de crème liquide*
*Vinaigre de vin blanc*
*Sel fin, poivre du moulin*

## *Préparation et cuisson*

*Lavez soigneusement les poireaux, égouttez-les et coupez-les en morceaux de 2 à 3 cm.*

*Dans une cocotte, faites-les suer dans le saindoux, mouillez avec le vin, salez et poivrez. Laissez mijoter une bonne vingtaine de minutes.*

*Ajoutez ensuite les pommes de terre coupées en morceaux et laissez à nouveau mijoter une bonne vingtaine de minutes.*

*Pochez les saucisses à part. Cinq minutes avant la fin de la cuisson, ajoutez la crème, laissez mijoter un moment puis ajoutez un trait de vinaigre. Posez les saucisses chaudes sur la potée et laissez mijoter encore quelques minutes.*

*Retirez les saucisses. Mélangez bien la potée, corrigez l'assaisonnement et dressez sur un plat chaud. Coupez les saucisses en morceaux de 4 à 6 cm, posez-les sur la potée et servez immédiatement.*

# Poulet au vin de Seyssel

## *Ingrédients pour quatre personnes*

*1 poulet fermier*
*4 tranches de pain de campagne*
*2 oignons*
*2 gousses d'ail*
*20 cl de vin blanc de Seyssel*
*4 cuillères à soupe d'huile*
*1 bouquet garni*
*30 cl de bouillon de volaille*
*2 cuillères à soupe de farine*
*1 bouquet de persil plat*
*Sel fin, poivre du moulin*

## *Préparation et cuisson*

*Découpez le poulet en morceaux.*
*Pelez et émincez les oignons, pelez et hachez l'ail.*
*Mettez les morceaux de poulet à dorer sur toutes leurs faces dans une sauteuse avec trois cuillères à soupe d'huile, égouttez-les et réservez-les.*
*Dans la même huile, faites revenir l'ail et les oignons sans coloration, puis saupoudrez de farine et remuez vivement. Ajoutez le vin, portez à ébullition, puis ajoutez 20 cl de bouillon de volaille. Salez, poivrez.*
*Couvrez la sauteuse et posez-la sur feu très doux pour laisser cuire une heure. Vérifiez régulièrement qu'il reste du liquide et ajoutez, si nécessaire, un peu de bouillon de volaille restant.*
*Pendant ce temps, ciselez le persil et toastez les tranches de pain de campagne de chaque côté.*
*Dans un plat de service, disposez au fond les tranches de pain.*
*Ajoutez le persil ciselé dans le poulet, disposez les morceaux sur les tranches de pain et versez le jus dessus.*

# Volaille fermière aux asperges, morilles fraîches

## *Ingrédients pour quatre personnes*

*1 volaille fermière*
*3 l d'eau*
*Garniture aromatique (1 carotte, 1 oignon, 1 gousse d'ail, 1 poireau)*
*Bouquet garni (1 branche de thym, de laurier, de romarin, de queues de persil)*
*200 g de morilles fraîches*
*2 échalotes ciselées*
*60 g de beurre*
*200 ml de crème liquide*
*16 belles asperges vertes*

## *Préparation et cuisson*

*À l'aide d'un couteau, levez les cuisses et les suprêmes de la volaille.*

*Le bouillon de volaille*
*Mettez la carcasse de volaille dans une grande casserole puis ajoutez les 3 litres d'eau. Portez à ébullition et enlevez l'écume en surface. Ajoutez la garniture aromatique ainsi que le bouquet garni puis laissez cuire à feu doux pendant 30 minutes avant de filtrer le jus.*

*Les morilles*
*Coupez les morilles en deux et lavez-les très soigneusement dans des bains d'eau claire avant de les égoutter. Pour la cuisson, faites suer les échalotes ciselées avec 20 g de beurre, ajoutez les morilles et du bouillon de volaille à hauteur des morilles. Laissez cuire à couvert pendant 5 minutes avant d'égoutter et de réserver le jus de cuisson.*

*Les volailles*
*Colorez les suprêmes et les cuisses de volaille à la poêle dans 40 g de beurre et ajoutez la garniture aromatique. Disposez-les dans une grande casserole. Mouillez à hauteur avec du bouillon de volaille puis laissez cuire pendant 45 minutes environ à feu doux. Enlevez les morceaux de volaille puis filtrez le jus.*

*La sauce volaille*
*Dans une casserole, réunissez le jus de cuisson «morilles et volaille», ajoutez 200 ml de crème liquide et laissez réduire pendant 30 minutes. Filtrez et rectifiez l'assaisonnement avant de réserver au chaud.*

*Les asperges vertes*
*Épluchez les asperges. Ficelez-les par quatre et faites-les cuire dans l'eau salée pendant 5 minutes. Refroidissez-les ensuite dans l'eau glacée.*
*Égouttez-les puis coupez-les en deux dans la longueur. Gardez la pointe entière et émincez les queues d'asperges.*
*Taillez les morceaux de volaille en deux (un morceau de suprême et un morceau de cuisse par personne).*
*Réunissez dans une grande casserole la volaille, les morilles, les queues d'asperges ainsi que la « sauce volaille » en gardant environ 30 ml pour chauffer les pointes d'asperges à part.*
*Laissez mijoter la volaille pendant 15 minutes.*

## *Dressage*

*Dressez harmonieusement les morilles au fond de quatre assiettes plates. Ajoutez la volaille dessus, les pointes d'asperges vertes puis nappez de « sauce volaille ».*

# Tranches de jarret de veau confit braisé

## *Ingrédients pour quatre personnes*

*4 tranches de jarret de veau*
*2 cl d'huile de pépins de raisin*
*50 g de beurre*
*2 oignons*
*1 carotte*
*1 feuille de laurier*
*1 branche de thym*
*10 grains de poivre*
*2 poignées de gros sel*
*1,5 l de fond de veau*
*0,5 l de vin rouge*

*La sauce Périgueux*
*3 échalotes*
*15 cl de porto*
*10 cl de jus de truffes*
*1 truffe*
*50 g de beurre*

## *Préparation et cuisson*

*Parez les tranches de jarret, salez-les et poivrez-les. Faites colorer le jarret sur toutes les faces dans l'huile et le beurre à feu moyen.*
*Portez à ébullition le vin rouge et flambez-le afin d'éliminer l'alcool. Débarrassez-le dans un faitout.*
*Épluchez et taillez les oignons et la carotte puis mettez-les autour du jarret. Ajoutez la feuille de laurier, la branche de thym, le poivre et très peu de gros sel.*
*Mouillez avec le vin rouge et le fond de veau et portez à ébullition. Couvrez d'un papier aluminium et faites cuire au four à 180°C (th. 6) pendant 2 heures.*
*Retirez les tranches de jarret de veau délicatement et passez le jus au chinois*
*Hachez les échalotes, faites-les légèrement blondir dans un peu de beurre, mouillez avec le porto. Laissez réduire puis ajoutez le jus de truffes et mouillez avec le jus de cuisson des tranches de jarret de veau. Taillez la truffe en julienne et ajoutez-la à la sauce. Rectifiez l'assaisonnement.*
*Compotez les tranches de jarret de veau dans ce jus pendant 20 minutes.*

## *Finition*

*Égouttez les tranches de veau, placez-les dans un plat à gratin. Garnissez les os des tranches de jarret de veau avec la purée de potiron et faites gratiner 15 minutes environ au four.*
*Ajoutez une noix de beurre à la sauce Périgueux puis, une fois le potiron bien gratiné, nappez les tranches de jarret de veau de sauce.*
*Servez aussitôt.*

# Civet de lapin de garenne

## *Ingrédients pour quatre personnes*

*1 lapin de garenne (vidé et dépouillé, avec les abats et le sang)*

*Pour la marinade*
*1 oignon piqué de deux clous de Girofle*
*3 échalotes*
*2 carottes*
*2 gousses d'ail*
*1 bouquet garni (thym, laurier, estragon, romarin)*
*6 baies de genièvre*
*50 cl de vin rouge (Côtes du Rhône)*
*5 cl de vinaigre de vin*
*10 cl d'huile d'olive*

*Pour la cuisson*
*50 cl de fond de veau*
*Sel fin et poivre du moulin*

## *Préparation et cuisson*

*La marinade*
*Épluchez, lavez, et taillez les carottes, le céleri, l'oignon, les échalotes. Coupez le lapin en morceaux. Dans un grand saladier, disposez au fond une couche de la garniture aromatique et la moitié des morceaux de lapin. Salez et poivrez. Continuez en mettant une seconde couche. Ajoutez le bouquet garni, les baies de genièvre, le vin et le vinaigre, en finissant par l'huile d'olive. Filmez et mettez au réfrigérateur pour 24 heures.*

*La cuisson*
*Sortez la marinade du réfrigérateur et égouttez les morceaux de lapin.*
*Réservez la garniture.*
*Dans une casserole, portez la marinade à ébullition.*
*Dans une cocotte, faites saisir les morceaux de lapin sur toutes les faces, dans un peu d'huile d'olive et de beurre.*
*Débarrassez les morceaux de lapin dans un plat.*
*Mettez la garniture aromatique dans la cocotte, faites suer 3 à 4 minutes, saupoudrez avec de la farine et faites bien suer à nouveau. Ajoutez les morceaux de lapin, mouillez avec la marinade et le fond de veau, salez, poivrez et goûtez pour rectifier l'assaisonnement.*
*Faites cuire à petite ébullition pendant 1 heure. Surveillez la réduction du liquide, et remuez de temps en temps.*
*Débarrassez le lapin dans un plat de service puis passez la sauce au chinois étamine.*
*À l'aide d'un petit robot ménager, mixez le foie et le cœur de lapin avec le sang.*
*À feu très doux, faites chauffer la sauce du lapin dans une casserole, ajoutez le mélange foie, cœur et sang, puis poursuivez la cuisson pendant 20 minutes sans ébullition. Passer la sauce au tamis fin, rectifiez l'assaisonnement, ajoutez un trait de vinaigre de vin et versez la sauce sur le lapin.*
*Ce civet de lapin peut être accompagné de tagliatelles fraîches.*

# Tendrons de veau braisés façon Marengo

## *Ingrédients pour quatre personnes*

*4 tendrons de veau pas trop gras*
*2 cl d'huile de pépins de raisin*
*60 g de beurre*
*2 oignons*
*1 carotte*
*125 g de petits champignons de Paris (boutons)*
*25 g de farine*
*1/2 litre de vin blanc*
*1 bouquet garni (thym, laurier)*
*1 l de fond de veau*
*Sel fin, poivre du moulin*

## *Préparation et cuisson*

*Salez et poivrez les tendrons des deux côtés puis faites-les colorer à la poêle dans l'huile de pépins bien chaude additionnée d'une noisette de beurre. Débarrassez-les dans un faitout.*
*Épluchez et taillez en gros dés la carotte et un oignon. Placez-les autour des tendrons et faites suer. Ajoutez la farine en pluie à l'aide d'une petite passette, laissez cuire 5 minutes et ajoutez le bouquet garni, du sel et du poivre. Mouillez avec le vin blanc, portez à ébullition puis ajoutez le fond de veau à hauteur des tendrons. Portez à ébullition.*
*Couvrez d'un papier aluminium et faites cuire à four chaud (180°C, th. 6) pendant 1 h 30 environ. Après cuisson, la chaire doit être fondante.*
*Pendant ce temps, lavez soigneusement les champignons de Paris pour retirer la terre qu'ils peuvent avoir au pied.*
*Faites-les cuire en les suant au beurre additionné du jus d'un demi-citron et assaisonnez de sel et de poivre. Portez à ébullition, couvrez et laissez cuire pendant 5 minutes à feu vif.*

## *Finition*

*Retirez les tendrons et passez le jus dans une passoire fine. Faites-le réduire jusqu'à ce qu'il soit un peu nappant. Rectifiez l'assaisonnement en sel et poivre, ajoutez les champignons de Paris et laissez mijoter 15 minutes.*
*Sur le plat de service, dressez les tendrons et nappez de jus et des champignons.*

# Escalopes de veau en panure d'herbes, penne au beurre d'escargots

## *Ingrédients pour quatre personnes*

*4 escalopes de veau d'environ 170 g chacune*
*200 g de chapelure fine*
*100 g de farine*
*2 œufs entiers*
*100 g de persil équeuté*
*50 g d'estragon équeuté*
*200 g de penne*
*150 g de beurre*
*30 g de persil*
*20 g d'échalotes*
*1 gousse d'ail*
*1 cuillère à café de pastis*
*Sel fin, poivre du moulin*

## *Préparation et cuisson*

*Préparez le beurre d'escargots: dans un blender, mixez le persil, une demi-gousse d'ail épluchée, les échalotes et le beurre. Ajoutez le pastis.*
*Faites cuire les pâtes dans une grande casserole d'eau salée. Égouttez-les et ajoutez aussitôt le beurre d'escargots.*
*Préparez la chapelure d'herbes: mixez la chapelure avec le persil équeuté, l'estragon et le restant d'ail épluché et haché.*
*Assaisonnez les escalopes et passez-les dans la farine puis dans les œufs légèrement battus et assaisonnés. Renouvelez l'opération deux fois, puis passez-les dans la chapelure d'herbes et ail.*
*Faites cuire les escalopes dans une poêle avec le beurre 5 minutes de chaque côté à feu modéré, afin d'obtenir une coloration blonde.*

# Bortsch

## *Ingrédients pour quatre personnes*

*Pour le Bortsch*
*500 g de betteraves crues*
*30 g de beurre*
*1 gros oignon (200g)*
*150 g de pommes de terre*
*100 g de carottes*
*1,8 l d'eau*
*50 ml de vinaigre de vin de qualité*
*350 g de gîte de bœuf*
*2 feuilles de laurier*
*200 g de chou blanc en lanières*

*Pour la crème aux herbes fraîches*
*100 ml de crème fraîche*
*1 filet de vinaigre de vin vieux*
*Mélange d'herbes fraîches, persil plat, estragon et aneth*

*Pour les croustillants de betteraves*
*1 betterave crue*
*1 l d'huile de pépins de raisin*

## *Préparation et cuisson*

*Le Bortsch*
*Épluchez les légumes, coupez en gros dés les pommes de terre et les carottes puis hachez finement l'oignon.*
*Coupez les betteraves en gros dés.*
*Dans une grande casserole, faites fondre le beurre, puis faites revenir l'oignon. Ajoutez les pommes de terre, les carottes et la betterave et faites cuire pendant environ 5 minutes. Ajoutez l'eau, le vinaigre, le bœuf et les feuilles de laurier puis portez à ébullition. Écumez afin d'éliminer toutes les impuretés puis couvrez et laissez cuire à feu doux pendant une heure.*
*Coupez le chou en lanières.*

*Les Croustillants de betterave*
*Taillez finement la betterave crue en lamelles. Farinez les lamelles légèrement et enlevez l'excédent en les tapotant entre elles.*
*Dans une casserole, faites chauffer l'huile de pépins de raisin à 160 °C et plongez-y les lamelles de betterave quatre par quatre pendant environ 5 minutes. Quand elles sont croustillantes, égouttez-les sur du papier absorbant et salez aussitôt.*

*La Crème aux herbes*
*Fouettez la crème jusqu'à ce qu'elle épaississe, ajoutez un filet de vinaigre puis les herbes hachées, salez et poivrez.*
*Dégraissez le bouillon à l'aide d'une louche. Retirez le morceau de viande et coupez-le en cubes. Ajoutez le chou dans la soupe et faites cuire encore 10 minutes sans couvrir.*

## *Dressage*

*Dans une assiette creuse, répartissez harmonieusement les cubes de gîte de bœuf, recouvrez de bouillon et déposez sur le dessus une quenelle de crème aux herbes.*
*Servez les croustillants de betterave à part.*

# Tournedos Rossini

## *Ingrédients pour quatre personnes*

*4 tournedos de bœuf de 80 g chacun*
*4 tranches de foie gras de 80 g chacune*
*8 cèpes de taille moyenne*
*30 cl de fond de veau*
*10 cl de porto rouge*
*2 cuillères à soupe d'huile de pépins de raisin*
*50 g de beurre*

## *Préparation et cuisson*

*Nettoyez les cèpes en grattant délicatement la peau à l'aide de la lame d'un couteau et, avec un torchon humide, frottez légèrement les parties sales.*
*Détachez les chapeaux des cèpes délicatement sans les casser et taillez les pieds en fine brunoise. Réservez.*
*Dans une poêle chaude, faites saisir les chapeaux de cèpes dans l'huile de pépins de raisin et colorez-les sur les deux faces. Réservez sur un papier absorbant. Dans la même poêle, faites saisir la brunoise de cèpes rapidement puis débarrassez-la également sur du papier absorbant.*
*Assaisonnez puis poêlez les tournedos de bœuf au beurre dans un sautoir. Faites-les saisir sur chaque face et réservez-les sur une assiette. Déglacez la poêle avec le porto rouge, laissez réduire puis mouillez avec le fond de veau et laissez cuire jusqu'à obtention d'une consistance sirupeuse. Tenez au chaud.*
*Poêlez les escalopes de foie gras de chaque côté puis débarrassez-les sur un papier absorbant. Ajoutez les chapeaux de cèpes dans la poêle, dorez-les de chaque côté puis débarrassez. Ressaisissez également la brunoise de cèpes et ajoutez-la au jus de veau-porto.*

## *Dressage*

*Au centre de l'assiette, disposez un chapeau de cèpe puis le tournedos puis l'escalope de foie gras. Finissez par le dernier chapeau de cèpe et nappez généreusement de jus.*

# Tourte de veau aux morilles

## *Ingrédients pour huit personnes*

*Pour la farce de veau*
250 g de noix de veau
300 g d'épaule de veau
50 g de crème double
50 g d'échalotes
250 g de foie gras cru
2 œufs
10 g de beurre
Sel fin, poivre du moulin

*Pour les morilles*
800 g de morilles
100 g de beurre
80 g d'échalotes
30 cl de crème liquide
1 jus de citron
1/2 cuillère à café de moutarde de Dijon
Sel fin, poivre du moulin

*Pour la tourte*
600 g de pâte feuilletée
2 jaunes d'œufs
5 g de sel fin

*Pour le jus de veau*
1 l de fond brun
500g de poitrine de veau
80 g d'échalotes
50 g de beurre

## *Préparation et cuisson*

*La farce de veau*
Coupez les 250 g de noix de veau et le foie gras en gros dés. Hachez les 300 g d'épaule de veau à l'aide d'un hachoir muni d'une grille moyenne et concassez le foie. Mélangez tous ces ingrédients avec la crème et l'échalote ciselée et suée. Terminez en ajoutant les œufs entiers un par un. Assaisonnez le tout avec du sel et du poivre.
Mélangez bien dans un grand saladier en travaillant sur de la glace puis réservez au frais.
Taillez en gros cubes la poitrine de veau et faites rissoler les morceaux dans une sauteuse au beurre noisette. Ajoutez ensuite les échalotes émincées puis mouiller au fond brun à hauteur.
Laissez cuire à feu doux pendant 2 heures et passez au chinois en foulant les morceaux de veau pour en exprimer le maximum de saveurs.
Rectifiez l'assaisonnement et réservez.

*Les morilles*
Coupez les morilles en deux et lavez-les très soigneusement dans des bains d'eau claire avant de les égoutter. Pour la cuisson, faites suer les échalotes ciselées avec 20g de beurre, ajoutez les morilles et du bouillon de volaille à hauteur des morilles. Faites cuire à couvert pendant 5 minutes avant d'égoutter. Réservez le jus de cuisson.
Dans une casserole, faites réduire le jus de cuisson des morilles, ajoutez les 30cl de crème liquide et les morilles. Laissez mijoter pendant environ 20 minutes puis ajoutez quelques gouttes de jus de citron et la demi-cuillère de moutarde.

*La tourte*
Pour réaliser la tourte, abaissez la moitié de la pâte feuilletée à 1,5mm d'épaisseur puis détaillez un disque de 30 cm de diamètre. Enfin, piquez-le à l'aide d'une fourchette.
Abaissez la seconde moitié à 2 mm d'épaisseur et détaillez un deuxième disque de 35 cm de diamètre. Terminez en réalisant un trou au centre de ce dernier disque à l'aide d'un emporte-pièce uni de 8 cm.
Réalisez la dorure en clarifiant les jaunes d'œufs et en les mélangeant avec les 5 g de sel fin.
Dorez le contour du disque de 30cm de pâte feuilletée de la largeur du pinceau puis placez la couronne de farce au centre. Insérez l'emporte-pièce au milieu et recouvrez avec le second disque. Pressez délicatement les contours avec les pouces afin de bien souder les deux disques de feuilletage.
Réalisez les stries à l'aide d'une pointe de couteau puis dorez et réservez au froid. Renouvelez l'opération de dorure deux fois en laissant reposer 30 minutes au réfrigérateur entre chaque passage.
Enfournez la tourte pendant 20 minutes dans un four préchauffé à 180°C (th. 6).

## Dressage

Disposez les morilles au centre de la tourte. Servez, à part, une saucière de jus de veau et le reste de morilles en légumier.

# ÉPILOGUES SAVOUREUX

## Saint-Marcellin et crème de noix

### *Ingrédients pour quatre personnes*

*4 Saint-Marcellin bien crémeux*
*8 noix décortiquées*
*3 cuillères à soupe de crème liquide*
*Sel fin, poivre du moulin*

### *Préparation*

*Concassez grossièrement les noix et mélangez-les à la crème liquide dans un bol. Salez et poivrez légèrement.*
*Dans les assiettes, dressez les Saint-Marcellin avec un peu de crème de noix à côté (le Saint-Marcellin ne doit pas être trop froid, servez-le à température ambiante), accompagnés de pain aux noix et d'une salade assaisonnée d'huile de noix.*

# Apple pie

## *Ingrédients pour six personnes*

*4 grosses pommes golden*
*50 g de sucre cassonade*
*50 g de beurre*
*1 cuillère à café de cannelle en poudre*
*1 jaune d'œuf*
*1 cuillère à soupe de lait*
*1 pincée de sel fin*

*Pour la pâte sablée*
*500 g de farine*
*300 g de beurre*
*120 g de sucre glace*
*60 g de poudre d'amande*
*2 œufs*

## *Préparation et cuisson*

*Dans la cuve d'un robot ménager, mélangez à l'aide de la palette le beurre et le sucre glace jusqu'à ce que le mélange soit homogène. Ajoutez la poudre d'amande puis les œufs et enfin la farine. Travaillez la pâte pour obtenir une boule bien homogène. Réservez au réfrigérateur.*
*Épluchez et évidez les pommes puis taillez-les en gros morceaux.*
*Une heure plus tard, étalez la pâte puis chemisez une tourtière préalablement graissée avec une noix de beurre. Étalez le reste de pâte et détaillez des bandes de 2 cm de largeur.*
*Préchauffez le four à 180°C (th.6).*
*Disposez les morceaux de pommes dans la tourtière. Saupoudrez avec la cannelle, le sucre cassonade et le beurre en petits dés, puis refermez avec les bandes de pâte restante en les croisant afin d'obtenir un beau quadrillage.*

## *Finition*

*Délayez le jaune d'œuf dans le lait, ajoutez la pincée de sel et, à l'aide d'un pinceau, badigeonnez le dessus de la tarte.*
*Enfournez la tourtière pendant 45 minutes puis sortez-la du four et laissez-la refroidir.*

# Tarte aux cerneaux de noix de Grenoble

## *Ingrédients pour quatre personnes*

*Pour la pâte brisée*
*180 g de farine*
*80 g de beurre*
*15 g de sucre*
*1 pincée de sel fin*
*4 cl d'eau*

*Pour l'appareil aux cerneaux de noix*
*150 g de cerneaux de noix*
*2 œufs*
*200 g de cassonade*
*10 cl de crème fraîche*

## *Préparation et cuisson*

*La pâte brisée*
*Mettez la farine dans un saladier, coupez le beurre en petits morceaux et travaillez le mélange du bout des doigts. Ajoutez le sel, le sucre et l'eau et mélangez rapidement sans trop pétrir.*
*Roulez en boule et réservez.*
*Foncez un moule à tarte de 26 cm de diamètre.*

*L'appareil aux cerneaux de noix*
*Concassez grossièrement les cerneaux de noix.*
*Séparez les blancs des jaunes d'œufs et travaillez les jaunes avec la cassonade, la crème et les cerneaux de noix.*
*Battez les blancs en neige et incorporez-les délicatement au mélange.*

## *Finition*

*Remplissez le fond de tarte avec la garniture aux noix.*
*Faites cuire 30 minutes environ à four chaud (230 °C, th. 8) et servez la tarte froide.*

# Clafoutis aux cerises

## *Ingrédients pour quatre personnes*

*32 cerises burlat*
*2 œufs*
*25 g de poudre d'amande*
*75 g de sucre semoule*
*30 g de maïzena*
*125 g de crème épaisse*
*125 g de lait frais entier*
*1 gousse de vanille*

## *Préparation et cuisson*

*Dans un saladier, mélangez les œufs entiers puis le sucre semoule, la poudre d'amande, la maïzena et la gousse de vanille fendue et grattée.*
*Ajoutez la crème épaisse et le lait frais entier. Disposez 8 cerises burlat dans chacun des quatre ramequins préalablement beurrés et sucrés.*
*Ajoutez l'appareil à clafoutis et faites cuire 15 minutes dans un four préalablement chauffé à 180°C (th. 6).*
*Dégustez tiède.*

## Pêches au vin myrtille-framboise

### *Ingrédients pour quatre personnes*

*4 pêches*
*50 cl de vin rouge léger*
*50 g de framboises*
*50 g de myrtilles*
*70 g de sucre*

### *Préparation et cuisson*

*Lavez les pêches et essuyez-les.*
*Mettez-les dans le vin avec le sucre.*
*Portez à ébullition, plongez-y aussi les framboises ainsi que les myrtilles et laissez frémir environ 45 minutes.*
*Égouttez les pêches, faites réduire la préparation et, lorsqu'elle est sirupeuse, versez-la sur les pêches.*
*Réservez au frais jusqu'au service.*

# Cerises au vin chaud épicé

## *Ingrédients pour six personnes*

*600 g de cerises burlat*
*60 cl de vin rouge de la Vallée du Rhône*
*1 orange*
*1 citron*
*4 clous de girofle*
*1 petit bâton de cannelle*
*100 g de sucre*
*60 g d'amandes effilées grillées*

## *Préparation et cuisson*

*Dans une casserole, faites bouillir le vin et faites-le flamber pour enlever l'alcool.*
*Lavez, équeutez et dénoyautez les cerises.*
*Prélevez les zestes de citron et d'orange.*
*Pressez le jus de ces fruits et ajoutez-le au le vin avec le sucre et les épices. Faites cuire 5 minutes à feu doux.*
*Ajoutez les cerises et faites cuire à feu moyen 5 minutes environ.*
*Faites griller les amandes effilées 5 minutes dans un four chaud.*
*Servez tiède dans des coupelles et parsemez d'amandes.*

# Saint-Genix façon pain perdu

## *Ingrédients pour six personnes*

*Un Saint-Genix de 600 à 700 g*
*20 g de levure de boulanger*
*2 cuillères à soupe de lait*
*170 g de beurre clarifié*
*3 œufs*
*20 g de sucre*
*350 g de farine*
*1 pincée de sel fin*
*1 cuillère à soupe d'eau de fleur d'oranger*
*200 g de pralines roses*

*Pour le pain perdu*
*1 gros œuf*
*300 ml de lait*
*50 g de sucre cassonade*
*50 g de beurre*

## *Préparation et cuisson*

*Le Saint-Genix*
*Délayez la levure avec le lait, ajoutez le beurre fondu et mélangez bien. Ajoutez ensuite les œufs entiers un à un puis le sucre, la farine, le sel et la fleur d'oranger. Pétrissez au robot (à la feuille) juste le temps que le mélange se détache des parois.*
*Faites pousser ce pâton une nuit à température ambiante.*
*Le lendemain, étalez la pâte sur une surface farinée, pliez-la en quatre et recommencez cette opération deux fois. Ajoutez-y alors 150 g de pralines concassées.*
*Moulez le Saint-Genix sur une plaque antiadhésive à pâtisserie et insérez quatre pralines à l'intérieur. Laissez lever 2 heures. Dorez le dessus et ajoutez quelques pralines entières.*
*Enfournez 30 minutes à 160°C (th. 5).*
*Une fois froid, découpez le Saint-Genix en tranches de 3 cm d'épaisseur.*

*Le pain perdu*
*Dans un saladier, mélangez les œufs et le sucre cassonade à l'aide d'un fouet, puis ajoutez le lait. Plongez les tranches de Saint-Genix de chaque côté dans l'appareil puis cuisez-les dans une poêle à feu moyen jusqu'à coloration de chaque côté.*
*Servez aussitôt.*

## Guimauve Chartreuse

### *Ingrédients pour quatre personnes*

*90 g d'eau*
*300 g de sucre semoule*
*30 g de sirop de glucose*
*5 feuilles de gélatine*
*80 g de blanc d'œuf*
*Quelques gouttes de colorant vert*
*15 cl de Chartreuse (liqueur)*
*100 g de fécule de maïs*
*100 g de sucre glace*

### *Préparation et cuisson*

*Placez les feuilles de gélatine dans un bol d'eau froide afin de les ramollir.*
*Versez dans une casserole l'eau, le sucre, le glucose, les quelques gouttes de colorant vert et la liqueur.*
*Faites chauffer à feu doux en remuant de temps en temps.*
*Pendant ce temps-là, montez les blancs d'œufs en neige bien ferme.*
*Une fois le sirop à 130°C, ajoutez hors du feu les feuilles de gélatine pressées.*
*Versez le sirop sur les blancs d'œufs tout en remuant.*
*Badigeonnez un moule avec un pinceau huilé, puis saupoudrez d'un mélange de fécule de mais et de sucre glace (tant pour tant).*
*Versez la guimauve dans le moule, lissez le dessus et placez le tout au réfrigérateur pendant une heure.*
*Coupez la guimauve en cubes à l'aide d'un couteau légèrement huilé et passez-les dans le mélange fécule de mais et sucre glace. Servez.*

# Le rouge et le noir

## Ingrédients pour six personnes

*Pour la confiture de framboises*
*1 kg de framboises fraîches*
*100 g de sucre*

*Pour le sorbet aux framboises*
*1 kg de purée de framboises*
*100 g d'eau*
*25 g de sirop de glucose*
*75 g de sucre*

*Pour le coulis de framboises*
*100 g d'eau*
*100 g de framboises fraîches*
*50 g de sucre*

*Pour le dressage*
*6 demi-sphères de chocolat noir de 5 cm de diamètre, à commander chez votre chocolatier*
*8 framboises fraîches entières*

## Préparation et cuisson

*La confiture*
*Faites cuire les framboises à feu doux avec le sucre pendant 45 minutes sans cesser de remuer, puis débarrassez la confiture et réservez-la au frais.*

*Le sorbet*
*Réunissez dans une casserole l'eau, le sucre et le sirop de glucose. Portez à ébullition, mélangez avec la purée de framboises et laissez refroidir. Une fois le mélange bien froid placez-le dans la cuve de la sorbetière et turbinez. Réservez au congélateur.*

*Le coulis*
*Placez l'eau, le sucre et les framboises dans une casserole, portez à ébullition et faites cuire à frémissement pendant 10 minutes. Mixez puis tenez au chaud à l'aide d'un bain-marie.*

## Dressage

*Collez une demi-sphère sur l'assiette, à l'aide d'un point de confiture de framboises. Garnissez avec la confiture puis une framboise coupée en quatre et enfin le sorbet avec une poche. Refermez la sphère. Préparez une verseuse avec le coulis bien chaud. Devant le convive, versez une ligne de coulis sur la sphère.*

# Itinéraire d'un romantique singulier

# ITINÉRAIRE D'UN ROMANTIQUE SINGULIER

**1783**
Naissance à Grenoble d'Henri-Marie Beyle, le futur Stendhal, fils d'un avocat au Parlement et de la fille d'un médecin réputé.

**1790**
Mort de sa mère, alors qu'il approche de ses huit ans. Premier traumatisme.

**1792**
Début du préceptorat de l'abbé Raillane, être détesté entre tous. Second traumatisme.

**1794**
Emprisonnement de Séraphin Beyle pendant la Terreur.

**1796**
Scolarité à l'École centrale de l'Isère.

**1799**
Rejoint Paris pour préparer l'École polytechnique. En fait, devient bientôt le collaborateur de son cousin Pierre Daru, secrétaire général du ministère de la Guerre et futur intendant général de la Grande Armée.

**1800**
Sous-lieutenant au 6e Dragon, quitte la France pour l'Italie, qui constitue pour lui une véritable révélation.

**1802**
Après avoir éprouvé les limites de la vie de garnison, démissionne de l'armée. Liaison avec Mme Rebuffel.

**1805**
Liaison avec Mélanie Guilbert.

**1806**
Entre dans l'Administration impériale en qualité d'intendant à Brunswick, en Allemagne. Liaison avec Mina de Griesheim.

**1808**
Intendant pour le département de l'Oder.

**1809**
Mission en Hongrie.

**1810**
Nommé auditeur au Conseil d'État.

**1811**
Séjour en Italie. Liaison avec Angela Pietragrua.

**1812**
Participe à la Campagne de Russie en tant que commissaire des Guerres.

**1813**
Intendant de la province de Sagan, en Silésie.

**1814-1817**
Séjour en Italie, où il se lie, entre autres, avec Byron et publie ses *Vies de Haydn, Mozart et Métastase*, puis son *Histoire de la peinture en Italie*, puis séjour en Angleterre.

**1818**
Liaison avec Métilde Dembowski.

**1821**
Séjour en Angleterre.

**1822**
Publication de *De l'Amour*.

**1823**
Séjour en Italie. Publication de *Racine et Shakespeare*.

**1824**
Liaison avec Clémentine Curial. Publication de *Vie de Rossini.*

**1826**
Séjour en Angleterre.

**1827**
Séjour en Italie.

**1829**
Séjour avec Alberthe de Rubempré, séjour dans le sud de la France et la Catalogne. Publication des *Promenades dans Rome*.

**1830**
Liaison avec Giulia Rinieri et publication du *Rouge et le Noir*.

**1831**
Nommé consul de France à Civitavecchia.

**1832**
Publication de *Souvenirs d'Égotisme*.

**1833**
Séjour à Paris.

**1834**
Retour en Italie.

**1835**
Chevalier de la Légion d'honneur.

**1835-1838**
Séjour en France. Publication de *Mémoires d'un Touriste*.

**1839**
Retour en Italie, publication de *La Chartreuse de Parme,* dernière passion pour une jeune Romaine et publication de *L'Abbesse de Castro.*

**1842**
Mort d'Henri Beyle/Stendhal à Paris, d'une crise d'apoplexie, laissant plusieurs œuvres, qui seront publiées à titre posthume, parmi lesquelles sa *Vie de Napoléon*. Il est inhumé au cimetière Montmartre.

**1888**
Publication posthume du *Journal*.

**1890**
Publication posthume de *Vie de Henry Brulard.*

**1894**
Publication posthume de *Lucien Leuwen.*

**1921**
Publication posthume de *Suora Scolastica.*

**1936**
Publication posthume de *Lamiel.*

# ÉLÉMENTS D'UNE BIBLIOGRAPHIE STENDHALIENNE


Alain
*Stendhal et autres textes*
(Puf, Quadrige, réédition, 1994)

Andrieu (René)
*Stendhal ou le Bal masqué*
(JC Lattès, 1983)

Aragon
*La Lumière de Stendhal*
(Denoël, 1954)

Bellenger (Charles)
*Notes stendhaliennes*
(Éditions du Myrte, 1948)

Berthier (Philippe)
*Stendhal, vivre, écrire, aimer*
(De Fallois, 2010)
*Avec Stendhal* (De Fallois, 2013)

Blum (Léon)
*Stendhal et le Beylisme*
(Albin Michel, 1914)

Collectif
*Stendhal, l'Écrivain, la Société et le Pouvoir, actes du colloque du bicentenaire*
(Presses universelles de Grenoble, 1984)

Crouzet (Michel)
*Stendhal ou Monsieur moi-même* (Flammarion, 1990)

David (Maurice)
*Stendhal, Sa Vie, Son Œuvre*
(PNRC, 1931)

Del Litto (Victor)
*La Vie intellectuelle de Stendhal*
(Puf, 1962, repris par Slatkine)

Desalmand (Paul)
*Cher Stendhal, Un pari sur la gloire* (Presses de Valmy, 1999)

Didier (Béatrice)
Stendhal, autobiographe (Puf, 1983)

Dutourd (Jean)
*L'Âme sensible* (Gallimard, 1959)

Fernandez (Dominique)
*Dictionnaire amoureux de Stendhal* (Plon, 2013)

Fillipetti (Sandrine)
*Stendhal* (Gallimard, 2009)

Goldzink (Jean)
*Stendhal : L'Italie au cœur*
(Gallimard, 1992)

Hamm (Jean-Jacques)
*Armance, ou la Liberté de Stendhal* (Champion, 2009)

Lacouture (Jean)
*Stendhal, le bonheur vagabond*
(Seuil, 2004)

Lampedusa (Guiseppe di)
*Stendhal* (Allia, 2002)

Laurent (Jacques)
*Stendhal comme Stendhal ou le Mensonge ambigu* (Grasset, 1984)
*Le Calendrier de Stendhal*
(Le Divan, 1950)

Martineau (Henri)
*Le cœur de Stendhal*
(Albin Michel, 1953, 2 vol.)

Ozouf (Mona)
*Stendhal et l'idée républicaine*
(Revue *Commentaires*, printemps 2003)

Prévost (Jean)
*La Création chez Stendhal*
(Gallimard, 1996)

Racine (Bruno) et Basch (Sophie)
*Petit Bréviaire de Stendhal*
(Rocher, 1992)

Richard (Jean-Pierre)
Littérature et sensation : Stendahl, Flaubert
(Seuil, coll. Points, 1990)

Stéphane (Roger)
*La gloire de Stendhal*
(Quai Voltaire, 1984)

Œuvres de Stendhal

Romans et nouvelles
*Armance*
*Le Rouge et le Noir*
*La Chartreuse de Parme*
*Lucien Leuwen*
*Lamiel*
*Une position sociale*
*Le Rose et le Vert*
*Mina de Vanghel*
*Souvenirs d'un gentilhomme italien*
*Le juif*
*Le coffre et le revenant*
*Le philtre*
*Le chevalier de Saint-Ismier*
*Philibert Lescale*
*Féder*

*Chroniques italiennes*
Recueil de nouvelles comprenant :
*L'abbesse de Castro*
*Vittoria Accoramboni*
*Les Cenci*
*La duchesse Palliano*
*San Fransesco à Ripa*
*Vanina Vanini*
*Trop de faveur tue*
*Suaro scolastica*

Musique, peinture
*Lettres sur Haydn, Mozart et Métastase*
*Histoire de la peinture en Italie*
*Vie de Rossini*

Collaboration
Avec Abraham Constantin pour *Idées italiennes sur quelques tableaux célèbres*

Tourisme
*Rome, Naples et Florence*
*Promenades dans Rome*
*Mémoires d'un Touriste*

Société
*De l'amour*
*Racine et Shakespeare*
*D'un nouveau complot contre les industriels*
*Mémoires sur Napoléon*

Œuvres autobiographiques
*Journal*
*Vie de Henry Brulard*
*Souvenirs d'Égotisme*

Stendhal
Œuvre complète dans la bibliothèque de La Pléiade (Gallimard),
à l'exception de
De L'Amour, disponible en Folio et en GF.

# CRÉDITS PHOTOGRAPHIQUES

p. 8 : Leemage/Costa ;
p. 12-13 : Fomengto/Shutterstock ;
p. 17 : Leemage/DeAgostini ;
p. 22-23 : RMN/Hervé Lewandowski ;
p. 26 : Leemage/Photo Josse ;
p. 28-29 : Musée de l'Armée, Dist. RMN/Pascal Segrette ;
p. 33 : Bridgeman Images/Archives Charmet ;
p. 34 : Bridgeman Images/Courtesy of the Warden and Scholars of New College, Oxford ;
p. 36 : Leemage/FineArtImages ;
p. 38-39 : Bridgeman Images/Dove Cottage Trust, Grasmere ;
p. 43 : Bridgeman Images ;
p. 45 : Bridgeman Images/Archives Charmet ;
p. 48-49 : Leemage/Costa ;
p. 53 : Leemage/Costa ;
p. 58-59 : Bridgeman Images/Musée des Beaux-Arts, Bordeaux ;
p. 64 : Bridgeman Images ;
p. 67 : Leemage/Fototeca ;
p. 68 : RMN/Château de Versailles ;
p. 70 : Kharbine-Tapabor/coll. SEV ;
p. 74-75 : RMN/Bulloz ;
p. 80 : Leemage/Photo Josse ;
p. 86-87 : Leemage/Photo Josse ;
p. 90 : RMN/BNF, Paris ;
p. 93hg : Leemage/Bianchetti ;
p. 93hd : coll. Christophe L ;
p. 93mg : Kharbine-Tapabor/coll. Grob ;
p. 93md : Leemage/Fototeca ;
p. 93b : Leemage/Bianchetti ;
p. 109 : Leemage/FineArtImages ;
p. 123 : AKG Images/Sotheby's ;
p. 147 : AKG Images ;
p. 163 : Bridgeman Images/Agnew's, London ;
p. 166 : Leemage/Raffael

Directeur de la publication : Stéphane Watelet
Maquette : Fabrice Rondon
Édition : Caroline Mathieu, Chloé Marot, Anne Martinetti
Fabrication : Dorothée Xainte
Achevé d'imprimer par l'imprimerie Pollina
Dépôt légal : novembre 2014
N° d'imprimeur : L69874
Imprimé en France